|サイコ・クリティーク|

Psycho Critique 24

『絶歌』論

元少年Aの心理的死と再生

Takaoka Ken

高岡 健

批評社

まえがき

神戸市連続殺傷事件の「元少年A」による手記『絶歌』(太田出版)が、賛否両論を呼んでいます。それらの中には、事件の真似をする子どもが増えるとする指摘など、まったくの的外れというしかない報道も含まれています。また、販売を自粛した書籍チェーン店や、この本を図書館に置かないと決めた、一部の自治体もあります。

けれども、「自分の頭で考え、自分の力で自分の居場所を見付け、自分の意志で償いの形を見出さなくては意味がない。そのためには、自分はどうしても『ひとり』になる必要がある。」というAの記述は、決して無視できないでしょう。

ところで、この記述へと至るAの状況は、次のようなものでした。

《思えば僕は、これまでずっと誰かや何かに管理されてきた。逮捕されるまでは、親や学校や地域社会に。逮捕後は国家権力に。社会復帰後は、Yさん(Yさん夫婦は篤志家で「彼らがい

なければ、僕の社会復帰はなかった〕とAは記している・引用者註〕を始めとするサポートチームのメンバーに。》

《自分の過去を隠したまま『別な人間』として周りの人たちに近付きすぎると、本当の自分をつい忘れてしまうことがある。でもこうやってふとした拍子に、自分は何者で、何をしてきた人間なのかを思い出すと、いきなり崖から突き落とされたような気持ちになる。》

Aは、毎年三月に入ると、被害者遺族へ宛てた手紙の執筆にとりかかるといいます。そこから三か月間、被害者のこと以外は何も考えない生活を送るのだそうです。すると、「徐々に気持ちが不安定になり、犯行時の様子がフラッシュバックし、悪夢にうなされる」ようになる。そこからの自己治療として、Aは、アクセサリーデザイン、ペーパークラフト、コラージュなどに集中しましたが、最終的には文章を書くことへと行きついたと記しています。「もはや僕には言葉しか残らなかった。」というのです。

少年院を出た後のAが、かつてのサレジオ高校事件[*1]における加害少年のように、「別な人間」としての人生を歩み、弁護士にでもなろうとすれば、絶対に不可能というわけではなかったはずです。あるいは、あえて社会の底辺での生活を選び謝罪の手紙を書き続けようとすれば、Aの精神が壊れない限りという条件つきでですが、可能だったかもしれません。しかし、Aは、それらのいずれをも選ばず、書くことによって「自分の頭」で考え行動しようとしたのです。

Aが「自分の頭」で考えた結果の一端が、『絶歌』には記されています。記された内容に反対するにせよ、部分的であれ共感するにせよ、意見や異見を述べるには、私たちもまた「自分の頭」で考えることが前提になります。残念なことに、『絶歌』をめぐる議論には、そもそもこの本を読んでいなかったり、およそ「自分の頭」で考えながら読んだとはいえない意見や異見が、多すぎるのです。

もちろん、「自分の頭」で考えるといっても、『絶歌』一冊だけを読んで考えるのでは不足です。これまでにも、Aの両親や、Aによって命を落とした山下彩花さんの母親＝京子さん、そして同じく土師淳さんの父親＝守さんの手記が出版されているのですから、それらを再読することも必須です。（ほかに当事者以外の手による本も上梓されていますが、どこまでほんとうのことが書かれているのか検証のしようがないため、本書ではとりあげません。）

それらを手掛かりにしつつ紡ぎだした、『絶歌』についての私の率直な考えを、本書の第一部に記すことにしました。そして、本書の第二部と第三部には、神戸市連続殺傷事件以外の少年事件についての、私の考えを載せることにしました。それぞれが互いに補いあうことによって、痛ましい少年事件を表層的に断罪するのではなく、そこから教訓を導き出すための思想が、本書には提示されているはずです。

＊1　一九六九年に起こった、ナイフによる首切り殺人事件。加害少年は、後に弁護士になったといわれる。

なお、私とは異なるどのような言論であっても、「自分の頭」で考えたものであれば、それらに耳を傾ける姿勢を、私は持っているつもりです。だが、「自分の頭」で考えないで被害者擁護を装っているだけの、都市型ファシズム[*2]にも似た言論封殺の風潮を許容する姿勢を、これまでも今も私は持っていません。本書の最初に、このような基本姿勢を、闡明しておきたいと思います。

＊2　さまざまな定義があるが、農村の絶対的貧困を基盤にしたファシズムとは異なり、都市住民の相対的貧困に基づく不満を、別の弱者を攻撃することによって視えなくする動きを指す。ヘイト・スピーチも、その一例である。

『絶歌』論
——元少年Aの心理的死と再生

＊目次

第二部

精神鑑定から司法福祉へ

第三部
佐世保高一女子殺害事件覚書

第一部

『絶歌』を精読する

第一章

『絶歌』から抽出される問い

『絶歌』の内容上の特徴

まえがきで、私は、「自分の頭で考え、自分の力で自分の居場所を見付け、自分の意志で償いの形を見出さなくては意味がない。」という、Aの言葉を引用しました。

もちろん、「自分の頭で」といいながらも、自らの事件についての報道や考察を全部あつめて「勉強」したAは、当然にもそれらの影響を受けています。

たとえば、少年時代に暮らしていた場所を「〝人工〟と〝自然〟がまったく調和することなく不自然に隣り合う、このニュータウン独特の地貌」と表現し、それを「僕の二面性」と結びつける記述は、二流の社会学からの影響です。また、一連の犯行当時には「醜形恐怖」[*1]を発症していたという記述は、二流の精神医学からの影響というしかないでしょう。

さらに、「自分の頭で」考えた結果に関しても、残念ながら、現時点では未だ途上ではないかという疑問を、拭うことができません。途上だと私が感じる、その最大の理由は、母親に関する記述が、他の家族成員と比べて、極めて乏しい点です。

Aは、実直な技術者（あるいは大手企業の腕のいい職人的会社員といったほうが正確かもしれませんが）としての父親を、過去はともかくとしても、現在は敬愛しているようです。加えて、二人の弟との面会場面などは、読者の目に涙が滲むほどです。そして、誰よりも祖母に関しては、幼いAを抱きかかえた写真が、『絶歌』の劈頭に掲げられているのです。

反面、母親に関しては、「僕の母親は、〝母親という役割〟を演じていただけ」「母親は、ひとりの人間として僕を見ていなかった」という過去の（つまり逮捕直後の）A自身による語りは、実は「本心ではなかった」と記してあるだけです。

同様に、逮捕前や出院後の記述に比べて、少年院にいた頃の記述が少ないことも、途上と感じさせる理由です。Aに対しては、法務省の威信を賭けて、有能なスタッフを大量に医療少年院に

＊1　自分の顔もしくは顔の一部が醜いと信じこみ、長い時間、鏡を見たり、美容外科的手術を受けたりする疾患。

投入したといわれていました。また、どこまでほんとうか知りようもありませんが、土居健郎[*2]がスーパーバイズ[*3]していたという情報もありました。

もし、そのとおりだったなら、少年院では母親との関係性が深く掘り下げられたに違いありません。その内容を記すことを禁止されているのなら話は別ですが、そうでないのなら、医療少年院で受けた治療の内容を、Aは未だ消化しきれていないのでしょう。そのため、現時点では母親に関する記述が少ないのかもしれません。

このような、**母親に関する記述の乏しさ**は、本質的に何を意味しているのでしょうか。おそらく、Aの人生にとって、母親は悪い意味で重大な影響を及ぼした存在であって、その事実を、Aは未だ直視できないでいる——そういう可能性が最も考えられます。

これは、詳しく検討するに値するテーマです。だが、いまはテーマを提起するにとどめ、考察はしばらく先に延期することにしましょう。

『絶歌』の文体上の特徴

『絶歌』には、見過ごすことのできない文体上の特徴があります。それは、次のようなものです。

まず、冒頭部分から、「油ぎった皿に落ちる一滴の洗剤のように」、「徐々に空気が抜け出て萎んでしまった自転車のタイヤのように」、「勤勉な郵便配達人のように」といった**直喩**[*4]が、いたるところで使われています。

決して高次とはいえない比喩ですが、それにしても、なぜAは、たくさんの直喩を採用しなければならなかったのでしょうか。手掛かりは、「思えば僕は、これまでずっと誰かや何かに管理されてきた」という、Aの言葉に含まれています。

親、学校、地域社会、国家権力、そしてサポートチームのメンバーによって「管理」されてきたと、Aは言っています。勝手な言い分だという声が聞こえてきそうですが、「管理」に身を任せてしまうと、ほんとうの「自分」がどこにいるのかわからなくなると、Aは述べているのです。（それに対し、ほんとうの「自分」なんかなくてもいい、かりそめの優等生として生きていけと強いる権利は、誰も持っていないはずです。）

わからなくなるのは、「自分」の感情や思考についてだけではありません。ライトで浮かび上がる樹々や生活といった、「自分」を取り巻いている事象についても、わからなくなるのです。それ

＊2　一九二〇〜二〇〇九。精神分析家。主著に『「甘え」の構造』。
＊3　治療者（スーパーバイジー）に対して、スーパーバイザーが、具体的事例に関する教育的指導を行うこと。
＊4　似た事物にたとえて言う言い方。「…のような」「…のように」などの言い方をする。「「ばらのようなくちびる」など」⇕隠喩。（『新選国語辞典新版』小学館）

でも、感情や思考や事象についてわかろうとし、それらを記述しようとすれば、何らかの座標軸を設けて、ちょうど関数のグラフを描くようにするしかありません。そうする際にAが用いた座標軸が、直喩なのです。

現在の状況の中に、A自身の感情や思考、そして自身に関連する事象を位置づけようとした場合、このような直喩を座標軸として採用せざるをえなかったということになります。言い換えるなら、自分自身や環境的世界との低次の対応すら持たされていないAの生活があり、その生活を努力によって辛うじて自分や世界に対応させるため、Aが採用した方法が直喩だということです。

他方、少数ですが、**隠喩**[*5]が採用されている箇所もみられます。「身体の中に真っ黒い風船が膨らみ、内側から内臓を圧迫した。」「気付くとマシンガンと化した涙腺から、涙の弾を連射していた。」といった表現が、それです。これらもまた、高次とはいえない比喩であることに、かわりはありません。ただ、自分の内部感覚を表そうとすれば、「内臓」「涙腺」といった言葉による、直喩ではない表現を、採用するしかなかったのでしょう。

つまり、Aにとっての隠喩は、Aの感情や思考を深いところで支える身体、あるいは事象に向き合うときに自分を支える身体の状態を、記述する言葉だといえます。なお、ここでいう身体とは、筋肉ではなく内臓であり、ボディビルなどでは鍛えることのできない身体です。

感情や思考そして自身に関連する事象を位置づけようとするときの座標軸としての直喩と、感情や思考そして自身に関連する事象を支える身体を表現する隠喩――この二つの比喩の機能は、これから私たちがAのこころに接近するための、重要な手がかりを提供することになるでしょう。

＊5　修辞法の一つ。「…のようだ」といわないで、「なになにだ」というふうにそのものの特徴を言いあらわすたとえ方。「娘たちの集まりはまさに春の花園だ」の類。暗喩。⇕直喩・明喩。（前掲書）

第二章
Aの幼年時代

誕生から小学校入学まで（1）

それでは、まず生誕の時点にまで遡って、Aの生育史をたどってみることにしましょう。とはいっても、人は通常、幼稚園のころまでの出来事を、明瞭に覚えてはいません。それは、Aの場合も同様であり、『絶歌』には「僕には小学校に上がる前の記憶がほとんどない」と記されているだけです。（もっとも、「祖母の暖かな背中に全身を委ねているという記憶」だけは残っているといいます。この点については、後で改めて触れます。）

そのため、ここでは、Aの両親が記した『「少年A」この子を生んで……』（文春文庫）から、生育歴の概要を、可能な範囲で抽出することにしたいと思います。

なお、この本は、「少年A」の父母〔著〕となっていますが、構成－森下香枝〈ジャーナリスト〉と明記されていることからは、Aの父母が直接執筆したのではなく、「文春」の記者だった森下による、聞き書きに近い本なのでしょう。だから、事実を語っているようにみえても、両親によるバイアスの上に、森下によるバイアスが重なった内容になっている可能性を、否定できません。しかし、そのことを勘案しながら読むならば、ある範囲での事実が記されていると考えて、差し支えないでしょう。

さて、『「少年A」この子を生んで……』によれば、Aの母親は、Aについての育児日記をつけていました。そこには、「〈生まれた時の健康状態〉体重　三二〇〇グラム」「九カ月の記録　テーブルを摑んで立とうとする」「一歳二カ月〔中略〕喋るのは断然早かった」と書かれています。

つづく一歳六か月の時点で、Aは躓いてサイドボードの角で頭を強打、血があふれ、救急病院で治療を受けています。さらに、肺炎のために入院しています。ただ、これらを別にすれば、特段の障害や病気を思わせる記録は、少なくともこの時期までには見当たりません。（あくまで、書かれている限りでですが。）

『「少年A」この子を生んで……』からの引用を、もう少し続けます。

Aの下には、一歳ちがいで次男、三歳ちがいで三男が生まれました。Aの父親は子煩悩で、父親も母親も、次男が生まれるまでは「Aにベッタリ過ぎたかもしれません」。しかし、弟たちが生まれてからは、「長男のＡをある程度キチンと躾けていれば、後に続く子も上を見て育つ」と考え、年下の子を苛めてはダメ、と言い聞かせていたと書いています。

なお、お尻を叩いて言い聞かせたことはあっても、きつい折檻をした覚えはないといいます。ただし、三男が生まれたころの母親は、寝不足の日が続き、二人（Ａおよび次男）のお尻を叩いていた記憶があるとも記されています。

ちなみに、三男が生まれたころ、Ａは「**足が痛い、痛い**」と言いだしました。病院では異常がなく、医師からは「精神的な面からくる症状」と説明されたため、できるだけ母親がＡや次男の相手をするようこころがけたところ、二、三週間で治ったといいます。

このころのＡは、人見知りが激しく、また言葉づかいが丁寧でした。そして、絵を描くのが好きで、コンクールで入選しました。さらに、几帳面で、夏でも襟のあるカッターシャツをつけ、ボタンを一番上までピチッととめていたといいます。一方、失敗して恥をかくことには無頓着で、母親が気を回し「緊張するなら周りの人間を野菜と思ったらいい」[*6]と助言した音楽会でも、Ａは母親の心配をよそに、すました顔でトライアングルを叩いていたそうです。

反面、危険なことはまったくせず、気が弱かったので、砂場で玩具を他の子に取られても、もじもじしているだけでした。そのため、母親は「取られたら、取り返しなさい」と、よく注意していたといいます。附記するなら、Ａが幼稚園で苛められていたことは、事件後に報道で知ったが、当時はまったく気づかなかったと、母親は記しています。（他方で、その記述とは矛盾するのですが、次項に記すように、「苛められたらやり返すこと」という養育方針だったと、家庭裁判所は認識しています。そのとおりなら、母親は、苛められていたことを知っていたのでしょう。）

誕生から小学校入学まで（2）

少しまとめてみましょう。三男が生まれたころに足の痛みを訴え、医師から「精神的な面からくる症状」と説明されたこと。言葉づかいが丁寧だったこと。そして、几帳面で、夏でも襟のあるカッターシャツをつけ、ボタンを一番上までピチッととめていたこと。母親の記述から、何か特記すべき特徴を拾いだそうとしても、これくらいしかみつけられません。

でも、事件後にAが家庭裁判所に送致され、そこで下された決定*7には、幼稚園のころまでの生育史について、次のように記されています。少し長いですが、引用してみましょう。

《少年〔Aのことです・引用者註〕は会社員の父と専業主婦の母との間の長男として、待ち望ま

＊6　事件後、Aは、人間を野菜に例える供述をしており、それにはこのときの助言が影響を及ぼしているかもしれないと、母親は考えている。

＊7　成人の裁判における判決に相当するもので、当初は要旨のみが公表されたが、二〇一五年五月号の「文藝春秋」に、全文が掲載された。全文掲載に対しては賛否両論がある。

れて生まれた。〔中略〕近くに住む母方の祖母が手助けをしてくれた。》
《鑑定人は、「一才《ママ》までの母子一体の関係の時期が、少年に最低限の満足を与えていなかった疑いがある」と言う。（少年が決して親に甘えないとか、遊びに熱中できないとか、**しつこい弟苛め**等から推認。）》〔太字は引用者による・以下同。〕
《尚、両親の養育方針は、「人に迷惑を掛けず、人から後ろ指を指されないこと」「人に優しく、特に小さい子には譲り、苛めないこと」「しかし自分の意見をはっきり言い、苛められたらやり返すこと（後に、〝やり返す〟といった部分だけが肥大することになった）」「親の言うことをよく聞き、親に逆らわず従順であること」等であった。》

このあたりは、精神鑑定書に含まれている内容以外に、家裁調査官が聞き取った内容が記されているのかもしれません。いずれにせよ、専門家による生育史の聴取を基にして書かれていることは、間違いないでしょう。続けて決定を読んでいきます。

《幼稚園年中組に入園した。明るくひょうきん者で、お人よしで大変我慢強い。友達との玩具の取り合いでは、常に我慢して友達に譲っていた。〔中略〕親の仕付けが表面上、最も功を奏していた時期である。》
《幼稚園年長組に進んだ。明るく理解力がある。絵本を好み、内容もよく知っている。誰とでもは遊ばず、気心の知れた決まった友達と遊ぶ。〔中略〕他の園児から苛められることもあったが、少年は反撃せず逃げ回っていたので、母は悔しかった。他方、**苛められた相手では**

ない小さい女の子の頭を石で叩いたことがあった。》

《家庭内では玩具の取り合い等で、毎日のように弟二人と喧嘩をした。〔中略〕両親は「長男は我慢が大切で、下の者と争った責任を取らねばならない」との考えであったから、母親が中心となって少年には厳しく叱責を続けた。口で何回も注意して、聞かないときはお尻を叩くという体罰を加えた。体罰と言っても、社会常識を逸脱するような程度のものではなかったが、少年は親の叱責が恐ろしく、泣いて見せると親の怒りが収まるのを知って、**悲しいという感情が無いのに先回りして泣いて逃げる方法**を会得した。》

「苛められたらやり返す」「母は悔しかった」という内容からは、Aが苛められていたことを、やはり母親は知っていたようです。しかし、それ以外には、『「少年A」この子を生んで……』と比べて、特に新しい事実が多く含まれているわけではないようです。

それでも、「苛められた相手ではない小さい女の子の頭を石で叩いたことがあった。」という箇所と、「悲しいという感情が無いのに先回りして泣いて逃げる方法を会得した。」という箇所は、注目に値します。そして、これらをもたらしたものは、苛めを知っていながらAを守らなかった大人たちであり、また「社会常識を逸脱するような程度のものではなかった」とされてはいますが、母親による体罰と叱責なのです。

幼年時代の生育史が意味するもの

前項までに確認してきた内容を、繰り返しをいとわず、もういちど整理するなら、次のようになります。

誕生直後のAは、両親から「ベッタリ過ぎ」かもしれないほどの育てられ方をしてきました。ところが、弟二人が生まれてからは「親に逆らわず従順」であるよう求められ、その結果、Aは足の痛みを訴えるようになりましたが、母親が出来るだけ相手にするようにしたら、一応は改善しました。

入園後、Aは苛められ、母親はAに「やり返す」よう教えました。すると、Aは苛められた相手ではない子の頭を、石で叩きました。また、親による体罰は「お尻を叩く」といった範囲にとどまっていたものの、Aは親の叱責から逃れるため、悲しくなくても泣いて逃げる方法を会得しました。

これらの事実は、何を意味しているのでしょうか。

一つは、たとえ小さく見えても、「親に逆らわず従順」であることを強いる叱責や体罰は、子どもの心に必ず歪みをもたらすということです。(言い換えるなら、「社会常識」の範囲の叱責や体罰というようなものは、ありえないということです。) そして、心の歪みは、内へ向かえば「足の痛み」といった身体症状になって現れます。また、外へ向かえば、弟に対する苛めや他の子どもの頭を石で叩くといった行動になって現れます。

もう一つは、これらの幼児期にみられた事実は、後に反復されるおそれがあるということです。家裁の決定は、苛められたらやり返すことという養育方針が、後に、〝やり返す〟といった部分だけが肥大して事件につながったと指摘していますが、それ以外にも幼児期の体験は、一〇歳代に形を変えて反復される可能性が高いのです。この点については、後でふたたび検討したいと思います。

附記するなら、『「少年A」この子を生んで……』および家裁の決定に記された内容に依拠する限りは、Aが何らかの生来の障害を有している可能性を、積極的に考慮しうるだけの材料は、揃っていないというべきです。

なぜ、わざわざそういうことを附記しておかねばならないかというと、事件後、鑑定書の内容の一部が報道されたとき、ある種の発達障害をAが有している可能性を考慮すべきではないかとの意見が、交わされたことがあるからです。(なかには公的な場所でそのように発言する精神科医さえいましたが、診察していない人の診断名を断定的に述べてはならないという倫理原則に照らし合わせるなら、論外の行為というしかありません。)

この事件における鑑定医は、誰からも一流の精神科医として認められている人たちなのですから、はじめから鑑定書に発達障害との鑑別診断に関する一節をもうけ、そうではないと明記しておけば、こんな議論は起こらなかったでしょう。けれども、事件当時は、児童精神科医でない限り、いくら一流の精神科医であっても、発達障害の有無が念頭になかったのかもしれません。

もし、発達障害との鑑別診断について鑑定書の一節が割かれ、それが何らかの形で（もちろんAの更生に支障が生じない形でということですが）公表されていたなら、直接的に診察していない専門家であっても、診断に関する議論に参加することはできます。それは、断片的報道から診断名を決めつけるような行為とは、全く異なるものです。余談ですが、私も、いまは亡き岡江晃が『宅間守精神鑑定書』（亜紀書房）を上梓したときに、診断に関する私見を発表したことがあります。[*8]

残念ながら、神戸市連続殺傷事件の鑑定書には、発達障害の有無についての記載は含まれていませんでした。そのため、「言葉づかいが丁寧」「几帳面」といったAの特徴や、鑑定書に記されていた「直観像素質者」（いちど見たものを細部まではっきり覚えている能力を持った人）といった特徴が、ある種の発達障害に基づいているのではないかとの、憶測を呼んだのです。

しかし、『絶歌』を読んでみると、ある種の発達障害ではみられにくい特徴も随所に登場します。たとえば、転校生が無理をして道化を演じていることをAは見抜き、でも、それを指摘したことは一度もなかったというエピソードがあります。他者が何かを演じていることを見抜いたり、他者への配慮から指摘することをはばかるといった特徴は、ある種の発達障害を有する人が自然に行うには、難しい振る舞いです。

いずれにせよ、発達障害の有無は、事件の形式に影響を及ぼすだけで、事件を駆動する動因にはなりません。[*9]だから、たとえAが何らかの発達障害を有していたとしても、事件の形式（たとえば首を校門にさらすなど）を過大に見積もりさえしなければ、私たちが進めつつある考察が無効になることはありえないのです。

以上を附記した上で、次章からは、小学校時代以降のAについて、みていくことにしましょう。

＊8　高岡健：宅間守はＭＣＤＤか？「精神医学」五五巻一〇号（二〇一三年）
＊9　高岡健：『発達障害は少年事件を引き起こさない』（明石書店）

第三章
小学校時代

入学以降のA

ここからは、家裁の決定に記された小学校入学以降のAの様子を、まず確認しておくことにしましょう。（というのも、後で検討する祖母の死よりも前の時期に限れば、『絶歌』には、小学校時代に関する記述が少ないからです。）

入学時に、A一家は、母方祖母が暮らしていた住居地に引っ越しています。小学校一年生のAは、学校では「明るくユーモアもあって友達も多い」と評価されていました。しかし、家では相変わらず兄弟げんかをして、親から厳しく叱られ続けていました。

二年生になると、Aは女の子を苛めるグループに入っていて、「後ろから女子の首をタオルで締めた」という記録が残っているものの、「友達も多く好かれていて、目立たないごく普通の生徒だった」とも記されています。他方で、Aは「お母さんが厳しいので、宿題を忘れたことや悪戯をしたことは内緒にして」と訴えていたということです。

三年生時、Aは「**お母さんの姿が見えなくなった。以前住んでいた家の台所が見える。**」と言いだしたことから、医師の診察を受けています。その後、母親は押しつけ的教育を改めたといいますが、Aは親に対し「内心を悟られないよう」「仮面を被って対応するようになり」、ベッドの周りをぬいぐるみで囲み、バリケードをつくって眠るようになったといいます。

『「少年A」この子を生んで……』にも、このエピソードはとりあげられています。兄弟三人が取っ組み合いの喧嘩をしているときに帰宅した父親が、Aに手をあげ怒鳴りつけた。するとAは宙を指さして「前の家の炊事場が見える、団地に帰りたい、帰りたい」と、うわごとのように喋ったということです。それ以来、父親は叩く真似をしても、一度も手をあげることはなくなったのだそうです。また、母親も忘れ物などの注意は必要最小限にして、できるだけ構わないようにしたと書かれています。

兄弟三人の喧嘩とは、つまるところ母親の愛情をめぐる争奪戦にほかなりません。そこに父親が、実力で介入してきたのです。敗北したAには、幻視が生じるようになりました。

こうしてみると、入学前の足の痛みと同じ状態が、**反復**されていることがわかります。つまり、入学前の「親に逆らわず従順であること」という教育方針は、本質的なところで何も変わっていなかったのでしょう。

祖母

『絶歌』には、祖母に抱かれた四歳少し前のAの写真が、掲げられています。Aが持っている、子どものころの「たった一枚」の写真だそうですから、Aにとって祖母はとても大事な人だったのでしょう。その祖母が、Aが小学校五年生時に、亡くなりました。五年生から六年生のころについて、家裁の決定は、次のように記しています。

《祖母の死との繋がりは不明であるが、ナメクジを待ち針で止めて、剃刀で腹部を裂いたり、カエルを待ち針で机に張り付けにして解剖したりすることが始まった。切ったり割いたり内臓を見るのが楽しかった。〔中略〕身体の疼きを感じ、後に〝性衝動の始まり〟とわかった。》

《カエルを解剖することに飽き、ネコを殺し始めた。ネコの首を締め、口から脳へナイフを突き刺し、腹を割いて腸を引き出し、首を切り、脚を切る等した。〔中略〕ネコを虐待しているとき、性的に興奮し、初めての射精を経験した。性衝動と動物殺しの関係を自覚し、皆も同じと思って友達に話したが、「君は変だ」と言われた。》

精通（「初めての射精」）がいつだったかは真っ先に尋ねるべきことで、またマスターベーションに関する答えが得られたら鑑定書は完成したも同然だと、鑑定人たちは豪語していました。しかし、ネコ殺しの時点がAの精通だったとする鑑定の内容を、『絶歌』でAは否定しました。祖母の死↓「死とは何か」↓ナメクジやカエルの解剖↓ネコ殺しの際に精通↓殺害の対象をネコから人間へ拡張という、「実に明快」な、「絵に描いたような異常快楽殺人者のプロフィール」を、Aは明確に否定したのです。

そして、精神鑑定でも医療少年院におけるカウンセリングでも話さなかったけれども、「本当はナメクジやカエルを解剖し始める前に、精通を経験した」として、次のように記しています。

《祖母が亡くなってからも、僕はよく祖母の部屋へ行き、祖母と一緒に過ごした想い出に浸った。〔中略〕ある時、祖母の部屋の押し入れの扉を開けた。〔中略〕着物のすぐ横に、祖母の愛用した電気按摩器が置かれていた。》

《祖母の位牌の前に正座し、電源を入れ、振動の強さを中間に設定し、祖母の思い出と戯れるように、肩や腕や脚、頬や頭や喉に按摩器を押し当て、かつて祖母を癒したであろう心地よい振動に身を委ねた。何の気なしにペニスにも当ててみる。〔中略〕まだ包皮も剝けていないペニスが、痛みを伴いながらみるみる膨らんでくる。》

《遠のく意識の中で、僕は必死に祖母の幻影を追いかけた。〔中略〕次の瞬間、尿道に針金を突っ込まれたような激痛が走った。〔中略〕見たこともない白濁したジェル状の液体がこびりついていた。性的な知識など何もなかった。》

この時点から、Aは、亡き祖母の部屋で、「冒瀆の儀式」を繰り返すようになったといいます。**祖母の死と密接不可分の射精**というAの説明は、鑑定書に記された、祖母の死↓「死とは何か」↓ナメクジやカエルの解剖↓ネコ殺しの際に精通↓殺害の対象をネコから人間へという仮説と、よく似ているようにみえても、まったく異なるものです。仮説に対し根本的な変更を迫る事実だといってもいいでしょう。そして、**この事実は、『絶歌』の出版がなければ、誰も知りえなかった、第一の重要な心理**なのです。

もう少し詳しく説明してみましょう。動物殺しに伴う射精というだけなら、いかに「祖母の死との繋がりは不明」と留保をつけたとしても、「絵に描いたような異常快楽殺人者のプロフィール」に過ぎません。しかし、祖母の死と不可分の射精で電気按摩器の使用がはじまりであれば、話は別です。

すでに見てきたように、Aは「親に逆らわず従順」であることを強いられてきました。Aは、小さいころは祖母と入浴し、また後に親に叱られるようになると祖母の部屋に逃げ込んだと、『絶歌』には書かれています。

一方、『「少年A」この子を生んで……』によると、祖母の部屋に逃げ込んでいたのは兄弟三人ともであり、Aは祖母から可愛がられていたものの、特に親密だったとは思えないといいます。ちなみに、祖母は母親に対して「あんたは、子どもたちをよく叱って厳しすぎる」と言っていたが、母親は「お母さん〔＝Aの祖母・引用者註〕も私たち〔＝Aの母親とその同胞・引用者註〕にすごい厳しかったやんか」と反論したと記されています。

つまり、Aと祖母のあいだが親密だったかというと、客観的にはそうとまではいえなかったのでしょう。けれども、両親とりわけ母親から従順であることを強いられていた分、Aの主観としては、祖母は理想的なまでの存在へと化していたと考えられるのです。

だからこそ、亡くなった後も祖母は、Aにとってはかけがえのない存在でありつづけました。それだけにとどまらず、電気按摩器という偶然が介在していたとはいえ、位牌・線香とセットで自慰の対象になっていったのです。換言するなら、「親に逆らわず従順」であることを強いる叱責や体罰は、Aの心に歪みをもたらし、**母親の代理としての祖母**を、罪悪感を伴う性の対象として引き寄せたことになります。

ただし、Aが引き寄せた性の対象は、罪悪感を伴っているがゆえに、常に激痛と結びついていました。そのため、二回目からの自慰行為においては、**血が出るほど舌を噛む、剃刀で皮膚を切る**といった行為を、いつも伴っていたのです。

サスケ

さて、小学校時代のAは、注目すべき二つの作文を書いています。どちらも、事件直後のマスコミ報道で知られるようになった作品で、家裁の決定にも引用されています。

一つは「まかいの大ま王」という題です。「お母さんは、えんま大王でも手が出せない、まかいの大ま王です」と記されています。そのとおりに読む限り、現実の母親の怖さを、ややユーモラスに表した作文ということになります。

もう一つは「お母さんなしで生きてきた犬」という題で、Aが飼っていた、サスケという名の犬についての作文です。サスケは、生まれてすぐAの家に来たから、母犬の顔を知らない。サスケがAの足にしがみついてきたので、「ぜったい、お母さんにあえるで」と、口に出してしまった。すると、サスケの涙がおさまった、という内容です。

『「少年A」この子を生んで……』によると、この作文について、母親はAに「これ本当にあったことなん?」と尋ねています。すると、Aは「違うけど、こないして書いた方がおもしろいやろ」と答え、母親は「あんた、作文いうたら本当のこと書かなあかんで」と言い聞かせたのだそうです。

しかし、同じく『「少年A」この子を生んで……』によると、この作文には担任教師によって削られた部分があることを、事件後の報道で母親は知ることになったのです。

《ぼくもお母さんがいなかったらな。いやだけどやっぱりぼくのお母さんみたいなのがサスケのおかあさんだったらわからないけど。やっぱりかわいそうだな。》

これが、削られた部分です。少し意味がとりにくいのですが、おおよそ次のようなAの気持ちを表していると考えて、まちがいないでしょう。自分の母親がいなかったらいいなと空想することがあるけれど、実際にいないとなるとやはり嫌だな。サスケに母親がいたとしても、それがAの母親のようだったらかわいそうだ、でもいないならいないでそれもかわいそうだ——。つまり、簡単に言ってしまうなら、母親に対する両価的な気持ちが表現されているのです。

しかし、それだけではありません。母親は「本当」かどうかだけを気にかけ、Aは「違う」と答えていますが、『絶歌』によれば、Aにとってサスケは、祖母に相当するほどの存在だったようなのです。

《サスケは警戒心が強く、いつもどこかで怯えた眼をしていて、初対面の人には懐かなかった。そういうところが自分と似ている気がした。サスケも仲間意識を持ってくれたのか、祖母の次に僕に懐いていているようだった。》

明らかにAは、サスケに親近感を抱いています。そのサスケが、祖母に続いて老衰で亡くなったのです。このときの気持ちを表すために、第一章で引用した**隠喩**(「身体の中に真っ黒い風船が膨らみ、内側から内臓を圧迫した。」)が、用いられているのです。

第一章で指摘したように、直喩の使用に比べると、隠喩の使用箇所は少数です。例外的といってもいいでしょう。そういう箇所にこそ、注目しなければなりません。

ちなみに、Aは、この隠喩の直前に「愛するものを立て続けに失い、自分の中に、何か名状し難い〝歪み〟が生じていた」と記しています。これを正確に言い直すならば、「両親とりわけ母親の養育によってもたらされていたAの歪みは、祖母やサスケによって覆われ見えにくくなっていたが、これら愛するものの死によって歪みが露わになった」というべきでしょう。

サスケの死後、Aの母親はサスケの皿に餌を入れて、野良猫たちに食べさせたそうです。デリカシーがないといえば全くそのとおりですが、Aにとってはそれだけにとどまりませんでした。『絶歌』によれば、サスケの皿に盛られた餌を食べているネコを見たとき、殺そうという気持ちが性衝動とともに生じたのです。

Aがコンクリートブロックで殺そうとしたネコは、傷つきながらもAをひっかき、Aの右手の甲から血が滲みました。ここで、Aは次のように、**再び隠喩**を用いています。「僕の中で日に日に邪悪な膨らみを増していた真っ黒い風船が、この眼の前の美しき獣のいまわの一撃によって、今まさに破裂したのだ。」

Aは自宅に帰り、カッターナイフを手にして、またネコへと向かいます。そして、眼球を切り裂き、口へナイフをつっこみ、脇腹を抉るのです。ここでも、Aは、**三たび隠喩**を用い「〝もう一つの心臓〟が首を擡《もた》げた」と記しています。もう一つの心臓とはペニスのことで、勃起したペニスが脈打っているというのです。

三つの隠喩の意味

先に、直喩に比べると隠喩の使用箇所は例外的であり、だからこそ、そこに注目しなければならないと強調しました。では、Ａによる三つの隠喩を、どう考えればいいのでしょうか。
第一に、母親から逃れる役割を果たしていた祖母とサスケの死が、Ａの内部で黒い風船を膨らませ、Ａを圧迫します。この圧迫は母親からもたらされたもので、放置するならＡを壊してしまいます。だから、圧迫から解放されるためには、その原因になった母親を殺すしかありませんが、母親は殺されるどころか、サスケの皿を平気で野良猫用に転用しうるほど元気なのです。
第二に、Ａは、母親を殺す代わりに、母親の餌を食べるネコを殺そうとします。しかし、それは当初はうまくいかず、Ａはネコから逆襲されます。そのため、母親からの圧迫は増大する一途をたどり、風船が破裂します。身体内の風船が破裂するのですから、Ａの内臓のほとんどがつぶされてしまいます。つまり、この時点でＡは、実質上は母親から精神的に瀕死の状態にまで追い込まれているのです。
第三に、Ａの内臓のうち、わずかに残った心臓も、二つに割れてしまっています。（「分裂した心臓の片割れが内臓を掻き分け股の間から」とＡは記しています。）心臓の「片割れ」は性器と結びつき、残りは内臓以外の身体（脳－筋肉）と結びついて、辛うじて生きながらえることになったといえるでしょう。そうすることにより、瀕死の状態にまで追い込まれていた精神状態を、Ａはいわば土俵際で守り抜こうとしたのです。
これを、Ａは、死に対する自分の〝勝利〟と呼んでいます。「さんざんに自分を振りまわし、弄《もてあそ》んだ死を、完璧にコントロールした」からです。このことを、**母親によってもたらされた内臓破**

壊による瀕死の状態を、痛みを伴う性欲動によって克服しようとする姿といいかえてもいいでしょう。その上で、Aは、こう記しています。

《生きているということは、痛みを感じるということ。

痛みを与えるということは、命に触れるということ。

命に触れること。

死を手懐《てなず》けること。

あの頃の僕にとってそれに勝るエクスタシーなどなかった。》

「あの頃の僕」にとっては、死を手懐けることがエクスタシーだったと、書いてあります。では、現在はどうなのか。明瞭な変化がみられるならば、それは大きな更生の目印でしょう。だが、今は先を急がず、Aの歴史を順にたどりなおす試みを、続けることにしましょう。

第四章
小学校五年生から連続殺傷事件まで

小学校五〜六年生ころから中学校入学まで

祖母とサスケの死は、Aが小学校五年生だったころに起こっています。家裁の決定によれば、五年生当時のAは、「問題を起こす苛めグループの後ろに付いていたが、他方弱い子を庇ってもいた」とのことです。また、空想上の友達「エグリちゃん」を創造し会話を楽しんだり、自分だけの守護神「バモイドオキ神」が夢の中に現れたりしたのも、このころのようです。

つづく小学校六年当時のAについて、家裁の決定は、「友達の気持ちを考えながら行動できる優しさを持っているが、一方、殻を持った寂しい子のよう」という、学校での評価と思われる内容を記しています。また、学校でAが、「このままでは人を殺してしまいそうや。お母ちゃんに泣かれるのが一番辛い。」と言って泣きじゃくったという記載もみられます。

一方、そのころのAは、ネコへの虐待の傍らで、友達とともにエアガンで他の子どもを撃つ遊びをしたり、後に殺害されることになる土師淳さん（決定では伏字になっていますが、『「少年A」この子を生んで……』によると淳さんです）を殴るといった行動を示していました。

さらに、動物殺しをする自分に「酒鬼薔薇聖斗」という名前をつけて切り離したら、一時的に気持ちが楽になったという記載があります。

小学校卒業後の春休みにはグループでの万引きが流行り、Aは専らナイフを盗んでいました。なお、『「少年A」この子を生んで……』で母親は、温度計を万引きし、その水銀をネコに飲ませていたことを、事件後の報道で知ったと記しています。そして、万引き以降、十回以上も学校や迷惑をかけたお宅を訪ね歩き頭をさげることになったが、Aはそれまでのような泣き虫で気の弱いAではなくなり、注意しても「分かった、分かった」と、うるさそうにあしらうようになったとも記しています。

以上からは、Aが生来、残虐さを持っていたわけではないこと（「弱い子を庇ってもいた」「友達の気持ちを考えながら行動できる優しさ」）、残虐になっていく自分について自覚し悩んでいたこと（「このままでは人を殺してしまいそう」）、一時的なものであっても自分なりに解決法をみつけようとしていたこと（「酒鬼薔薇聖斗」という名前をつけて切り離す）がわかります。つまり、Aなりに事件を起こさないための努力を積み重ねていたのです。

だが、それでも解決できないほど、親からの圧力によって精神的に瀕死の状態にまで追い込まれていたAは、性器－脳－筋肉という、内臓以外の臓器によって、辛うじて生きながらえるしかありませんでした。いいかえるなら、死をコントロールするエクスタシーによってしか、自分を支えることができない状況もまた、つづいていたのです。（なお、淳さんへの殴打については、あとで触れることにしたいと思います。）

中学校入学以降

ここらあたりで、両親とりわけ母親からの圧迫というけれども、虐待というほどではないじゃないか、という疑問が生じるかもしれません。だが、物理的に小さく見える圧迫であっても、精神的には子どもの内臓を破壊しつくすほどの圧迫がありうるということこそが、重要なのです。もう少し、説明してみましょう。

家裁の決定には、「性衝動の発現時期は正常であるが、最初からネコに対する攻撃（虐待・解剖）と結びついた。その原因はわからない。」と書かれています。しかし、すでにみてきたように、『絶歌』によれば、それは誤りなのです。

Aの性衝動は、最初からネコに対する攻撃と結びついていたわけではありませんでした。そうではなく、亡き祖母と結びついていたのです。すると、「原因」もわかってきます。両親とりわけ母親から追いつめられていたAにとっての現実の逃げ場所が、祖母の死のために失われ、記憶と空想の中にしか代わりの逃げ場所をつくることができなかったことこそが、「原因」なのです。記憶と空想のなかで、**母親代理の祖母を求めつつ電気按摩器を用いて行う自慰は、痛みを伴っていました。その痛みから二次的に、動物虐待と性衝動**が結びつくようになったのです。

こうなると、あとは坂道を転げ落ちるような悪循環が、進行するだけです。中学に入学して早々、カッターナイフで、小学生の自転車をパンクさせる。部活の練習時に、ラケットで部員を叩く。女生徒の体育館シューズを燃やし、鞄を男子トイレに隠す——。(以上、『「少年A」この子を生んで……』による。)

ただし、これらの行為は、性衝動と直接的に結びつくものではありません。おそらく、自分に注目してほしい、そしてわかってほしいという、Aの**最後の試み**なのでしょう。だが、母親らは、このときも「厳しく注意」するだけでした。ちなみに、そのたびにAは、「言い訳」で応じています。

さて、中学校一年生の終わりに、Aは恐喝未遂の被害を受け、それからは護身用にナイフを持ち歩くようになりました。そして、二年生になると、女子生徒を「汚い」といじめる、ホラービデオを万引きする、進路希望についての作文に葬儀屋の仕事について書き、死体が腐っていく過程を描写する、昼間からカーテンを閉めて薄暗くした自宅個室で過ごし、殺人妄想にさいなまれる、といった行動をとっています。他方では、道で拾ったカメを持ち帰り、大事に飼育してもいるのですが。（以上、家裁決定による。）

女子生徒への苛めや万引きといった行動をとったのは、自分に注目してほしい、わかってほしいという気持ちが、まだ残存していたがゆえかもしれません。

たとえば、Aはホラービデオを万引きしていますが、『「少年A」この子を生んで……』には、「Aは怖がりなので、ホラービデオを決して一人で見ようとはしませんでした。」と書いてあります。いつも母親と一緒に見たというのです。

母親と一緒に見るためのホラービデオを、Aは万引きしたのでしょうか。だとすると、力点は「ホラー」にはなく、「母親と一緒」というところにあったと考えざるをえません。しかし、母親は気づかず、Aは諦めるしかありませんでした。そして、母親を慕う気持ちが、諦めによって減少すればするほど、死と結びついた想念が増大していくのです。

病院と児童相談所

中学校時代に、Aは、病院と児童相談所に通っています。小学三年生時に連れて行かれた病院と同じかどうかはわかりませんが、中学生になってAは「ある病院の小児神経科」に連れられているのです。そこでは、「IQも七〇で普通」であり、「あえて診断名をつければ」「注意散漫・多動症」だと、診断されたそうです。（『「少年A」この子を生んで……』による。）

ＩＱが七〇なら「普通」とはいえません。知的障害との境目に位置する数値です。しかし、そう速断することもまた、正しくありません。Ａは「英語のヒアリング」「暗記力（一度見ただけで難しい漢字を書ける・いろんな文章を覚えて引用しながらスラスラ書ける・百人一首を一晩で暗記する）」が優れていたといいますから、知能検査の中でも、得点が高い部分と低い部分とのあいだの差が、大きかったのではないでしょうか。だとすると、互いに差の大きい得点を機械的に平均した数値である七〇が、Ａの知能を表しているとはいえないのです。

では、「注意散漫・多動症」についてはどうでしょうか。もっとも、こんな診断名はありませんから、これはおそらく「注意欠陥／多動性障害」（最近の訳語では「注意欠如／多動性障害」または「注意欠如・多動症」）のことでしょう。略称はＡＤ／ＨＤです。この診断名を持つ人の数は、診断基準を狭くとればそれほど多くはないのですが、広くとるとどんどん増えてしまいます。Ａの場合は、たしかに宿題や提出物を忘れてもケロリとしていたといいますが、「あえて診断名をつければ」と言われていることから推測すると、そうとう広くとらえた場合、そのように診断しうるという程度だったのでしょう。

さて、Ａが連続殺傷事件に手を染めはじめたあとの時期ですが、そうとは知らないまま、両親はＡを、児童相談所へ連れていっています。（不登校を心配して連れていったようです。）そして、児童相談所のスタッフもまた、事件のことに気づかないまま、面接を続けています。酷な言い方をすれば、児童相談所は全く役に立っていなかったことになります。

ただ、Aが巧妙に児童相談所のスタッフを騙そうとして、スタッフがそれにまんまとひっかかったのかというと、そうでもないのです。この時期のAは、先に述べたように、「酒鬼薔薇聖斗」という名前をつけ、それを切り離すという方法によって、辛うじて本来の自分を保とうとしていました。つまり、児童相談所に通うAと、邪悪な想念から離れられなくなったAとは、互いに切り離されていたのでした。二人のAがいたといってもいいでしょう。そのため、たとえ経験豊富で有能な児童相談所のスタッフ(であったかどうかはわかりませんが)が面接したとしても、事件に気づくことは難しかったのです。

附記するなら、気づかなかったもう一つの要因は、児童相談所への通所目的が、Aの不登校にあったという点にあります。「妻はAの不登校をかなり心配していた」と、父親は『「少年A」この子を生んで……』の中で書いています。(ただし、『絶歌』によると、しばらく学校を休みたいというAに、母親は「それでもええよ」と応じています。言葉と本心が異なっていたということなのでしょう。)関係者が、登校の有無にばかり気をとられると、本質がみえなくなるのは必然です。

要するに、七〇という知能指数も、AD/HDという診断名も、そして不登校も、Aの本質に届く概念とはいいがたいのです。なお、自閉症スペクトラム障害などの発達障害については、家裁の決定が引用している鑑定書の内容や『「少年A」この子を生んで……』の記載の範囲では、判断材料に乏しいと言わざるをえません。このことは、すでに述べたとおりですので、これ以上は繰り返しません。

第五章
竜が台事件

連続殺傷のはじまり

中学二年生の二月に、Aは三年生の女生徒から、新しい運動靴を踏まれたといいます。謝罪させようとしたAは、女生徒の自宅付近で待ち受けていましたが、逆に怒鳴られて逃げ屈辱感をもったと、家裁の決定に記されています。

その日に、二つの非行が行われています。一つは、ショックハンマーで女児の左後頭部を殴打した事件で、他の一つは、同じハンマーで別の女児の右後頭部を殴打した事件です。(ただし、いずれも命を奪うまでには至りませんでした。)

上級生の女生徒に靴を踏まれたことと、ショックハンマーで二人の女児の頭を殴ったこととのつながりが、わかりにくいところです。しかし、幼稚園のころにAが、苛められた相手ではない女の子の頭を石で叩いたことに鑑みるなら、必ずしもわからない話ではありません。つまり、**反復**が生じているのです。

また、過去にAは、女生徒（たぶん二月の相手とは別の女生徒）の体育館シューズを燃やしていますから、ひょっとすると靴はAにとって重要な意味を持っているのかもしれません。ただ、ここでは、強い者から加えられた力は、Aの内部で屈折して弱い者へと向かうという特徴があること、そして、二月の二つの非行が、後の彩花さん殺害と淳さん殺害への閾値を下げたことを、指摘しておくにとどめておきたいと思います。

さて、Aが、竜が台という場所で、面識のない二人の女の子をハンマーとナイフで襲ったのは、中学二年生の三月一六日でした。襲われたうちの一人＝山下彩花さんは一週間後に死亡し、もう一人は全治二週間の怪我を負いました。

『絶歌』には、この事件についての詳細が、なぜか記されていません。かわりに、間接的に関連する二つのことがらが記されています。

一つは、この事件の二週間後にAが書いたという、「懲役13年」と題する文章についてです。「懲役13年」は、「猟奇関係の本や、映画『プレデター2』から気に入った言葉を抜き出して」書いたらしいのですが、「魔物は〔中略〕俺を操る」と記す一方で、「こうして俺は追いつめられてゆく」

が「しかし、敗北するわけではない」、「心の改革が根本である」などとも記されています。

この文章について、Aは、「自分の中に潜む止み難い殺人衝動に抗おうと、僕なりに葛藤していたのかもしれない」と考えています。おそらく、そのとおりなのでしょう。

もう一つは、「ダフネ君」についてです。Aは、「懲役13年」をダフネ君にワープロで清書してもらうとともに、ネコ殺しと性的興奮について告白し、また三月の竜が台事件についても匂わせました。それをダフネ君は学校で言いふらしたのです。

五月一四日(『「少年A」この子を生んで……』中の父親の記載では五月一三日となっていますが)に、Aは、公園でダフネ君の襟首をつかみ、時計を巻いた拳で殴りました。そのときのことを、よくよく振り返っても、ダフネ君を殴った理由がわからない、とAは『絶歌』に記しています。

《僕のこの日の行動には、どこか不自然で、奇妙に〝作為的〟なところがあった。僕はただ「ダフネ君を殴るシーン」が欲しかっただけなのかもしれない。〔中略〕**一連の事件を起こしている間**、僕は無意識のうちに現実の行為を〝フィクション化〟しようと試みていたように思えてならないのだ。》(太字は引用者による。)

《僕は事件を起こしながら、「怪物映画」を頭の中のビデオで撮っていた。フランケンシュタイン博士よろしく、あちこちから採集した言葉やイメージの断片を繋ぎ合わせ、自分だけの「怪物の物語」を造り上げた。その物語はやがて生命を持ち、僕のコントロール下を離れ、生みの親である僕を喰らって暴れだした。》

通俗的な表現というならそのとおりですが、全体が**隠喩**になっている点に注意を払うべきでしょう。しかも、このあたりは、ダフネ君に対する殴打に限って記述しているのではなく、竜が台事件を含む「一連の事件」について述べているのです。

「一連」には、二月の二つの非行も含まれるでしょう。だとすると、やはり二月には、先にAの主観にとって屈辱的な事態があり、それを超越する「フィクション」を想像しているうちに、「怪物」がAから離れて動き出したという説明が、ほんとうのところに近いのでしょう。しかも、それはAから離れて動き出した「フィクション」の「怪物」による行動であるがゆえに、Aの実感を伴うものではなかったと考えられるのです。

三月の竜が台における二件も、そうでした。「フィクション」としての「怪物」は、Aからわかれた、いわば別の存在です。だから、「怪物」による行為にA自身の実感が伴っていなかったとしても、それは虚偽ではないでしょう。『絶歌』のなかで竜が台事件が詳述されていない一つの理由は、そこにあるのではないでしょうか。

言い換えるなら、一連の非行時には、一種の**解離**[*10]が生じていたのです。とはいえ、Aの事件当

---

*10　意識、記憶、同一性、または環境の知覚について通常は統合されている機能の破綻あるいは変容。解離性同一性障害では、健忘、離人・現実感喪失、同一性変容など多彩な症状を呈するが、幻聴や幻視などの症状も多い。(『最新心理学辞典』平凡社より)

時の記憶に欠損がみられるわけではありませんから、典型的な解離であるとはいえません。けれども、過去に「お母さんの姿が見えなくなった。以前住んでいた家の台所が見える。」といった症状を呈していることを勘案するなら、Aが昔から解離を引き起こしやすい状態にあったことは確かでしょう。

ちなみに、家裁の決定に記されている鑑定主文（精神鑑定書の結論部分のことです）にも、「非行時並びに現在、解離症状が存在する」と明記されています。もっとも、「一連の非行は解離の機制に起因したものではなく、解離された人格に因って実行されたものでもない。」とも記されています。

二重人格や多重人格の状態ではなかったという意味では、そのとおりでしょう。多重人格のうちの一人格が事件を起こしたのなら、本来のAの人格は、その事件を記憶していないはずだからです。

それでも、「非行時に解離症状が存在した」といいうるのは、まさにAが『絶歌』に記しているような、事件を起こしながら映画を頭の中のビデオで撮っている状態、あるいは自分が想像した物語がコントロール下を離れて暴れだす状態があったことを、家裁が認めているからにほかなりません。

彩花さんの死（1）

竜が台事件における山下彩花さんの殺害について『絶歌』で詳述されていない理由には、そのときに解離が生じていたことだけではなく、Aが事件前に彩花さんと何ら面識がなかったということも、関係しているでしょう。

もちろん、Aが彩花さんを知らなかった以上、彩花さんもAを知りませんでした。にもかかわらず、彩花さんはAによって殺害されました。それを、どう考えればいいのでしょうか。

こういう回答不能にも見える問いに、見事に答えてくれたのが、彩花さんの母親である山下京子さんによって書かれた、『彩花へ――「生きる力」をありがとう』(河出書房新社)でした。この本の「少し長いあとがき」には、「つたない原稿をていねいに整理してくださった東晋平さん」と記されていますから、『「少年A」この子を生んで……』の構成をした森下と比べると、はるかに高いレベルの人が手を入れているのかもしれません。そうであるにしても、この本に記された内容には、すばらしいものがあります。

彩花さんがまだお腹の中にいるころ、母親の京子さんは観覧車に乗り、大出血をしてしまいました。しかし、彩花さんは(自分が背負っていたひとつの「業」に打ち勝ってくれたと京子さんは書いていますが)奇跡的に危機を脱し、誕生したのでした。

竜が台事件のあった年の初めころから、京子さんは、何の理由もないのに悲しみが湧いてくるようになっていたといいます。そのため、京子さんは、外出先から帰ってくると、彩花さんが学校にいる時間帯であるにもかかわらず、家中を探してしまったのだそうです。このような不安は、ずっと続くことになりました。

そして、二月になると、彩花さんの兄が、嫌な夢を見ました。彩花さんが死ぬ夢です。その数日後、今度は彩花さんの父親が、不吉な夢を見ました。眠っていた彩花さんが起きだして、ベランダから柵を飛び越えてしまう夢です。

事件の少し前になると、彩花さんは、母親にベタベタするようになりました。洗い物をしてくれたし、洗濯物もたたんでくれた。ピアノを、「もう一回、弾いたげる。お母さんの好きな曲は何？」と、何度も弾いてくれた。いい思い出ばかりを残してくれたというのです。

事件当日、いつもの休日なら朝早くから遊びに出かけている彩花さんが、この日の朝は家にいました。そして、京子さんの真珠のネックレスを見せてくれと、珍しくしつこく言ったそうです。また、「お母さん、ピアノ一緒に弾こう！」と言って、連弾を繰り返しました。すると、それまであれほど続いていた京子さんの不安な気持ちが、消えたといいます。

昼に京子さんは出かけ、彩花さんは友達と待ち合わせた公園へ向かいました。いつもは近づかない公園ですが、そこで彩花さんはAからの攻撃を受けて重傷を負い、入院したのでした――。

重傷を負う前の数日間、まるでそれを予期し、いい思い出だけを残すかのように振る舞う。自然科学的にいえば、それは偶然に過ぎないか、せいぜい後づけの解釈ということになるかもしれません。しかし、私は、こういう神秘的にも映る状況は、現実にありうると思っています。なぜなら、人間は自然科学的にのみ生きているのではなく、人間関係の中で生きているからです。だから、豊かな交流のある人間関係であれば、こういう現象が感じられるのも、何ら不思議ではないはずです。

彩花さんの死(2)

入院した彩花さんは、決してすぐに亡くなったわけではありませんでした。腫れがひき、血圧と自発呼吸が戻ってきました。そして、笑ったような柔らかな表情になってきました。医師の予想を超えて一週間ものあいだ「生きる力」を示した彩花さんは、その後、笑顔のまま旅立ったのです。ニュース速報で彩花さんの死亡が報道された瞬間、沛然たる雨が降り、すぐまたあがったということです。

こういう現象も、豊かな人間関係を持った人たちのあいだでは、十分にありうる現象だと、私は思います。だが、それ以上に、『彩花へ――「生きる力」をありがとう』が私たちを唸らせるのは、次のような考えが示されているからです。

《私たちは、「原因」と「きっかけ」を混同しがちです。〔中略〕人生を左右するような幸不幸にあっても、それは外側の環境や他人の行為によってもたらされるように見えます。早い話が、彩花が回復する望みのない重傷を負ったことは、一人の少年がハンマーで殴りつけたからでした。》

《少年の狂気のハンマーは、彩花の頭蓋骨を打ち砕きました。しかし、そのハンマーも、彩花の内面を砕くことはできませんでした。少年の凶行は彩花の命の力が自ら選択した「きっかけ」にすぎず、彩花は粛々と自分自身の最終章に進んでいくのです。

亡くなる数か月前から、彩花が私にベタベタ甘えるようになっていたことも、最後の日に私とピアノを楽しんだことも、彩花自身の命の力の自由自在の振る舞いでなくして何と説明がつくでしょう。》

奪われた子どもの魂を回収するとは、こういうことなのかもしれない――そういう率直な気持ちを抱かせる記述です。もちろん、ここでいう魂の回収とは、母親（と父親と兄）と子の関係性の中に、子の人生のすべてを回収するということです。関係の貧しさを引きずったままの人には、とても不可能な発想だといえるでしょう。

『彩花へ――「生きる力」をありがとう』が指摘していること

山下京子さんは、本の中でいくつかの大事な点を、ほかにも指摘しています。

ひとつは、母子関係についてです。

京子さん自身の母親（彩花さんからみると母方祖母）は、愛情表現の不得手な人で、京子さんが母の日にあげたプレゼントを、いつまでもリボンのかかったまま放置しておくような人だったそうです。そうならないためにでしょうか、京子さんは上の子（彩花さんの兄）を出産してからは育児書を読みあさり、少しでもそのとおりに育っていないと、不安に脅かされていたといいます。

そのままなら、児童虐待の母親になっていたかもしれない。けれども、遊びを中心とした幼児教室で素晴らしい先生にめぐりあい、かくあるべしという母親像が崩れたと、京子さんは述べます。そういう経験に基づいて、京子さんは「人様のことを論じるのは不謹慎ですが」と断りつつ、次のように記しています。

《少年（Aのことです・引用者註）の母親は、あるいは心の中に踏み込んではいけない部分で踏み込んでしまい、心の扉をノックしてあげるべきときに、無関心であったのかもしれません。家族の中ではよい長男を演じ続け、外に出ると凶暴の度合いを増していった彼の風景は、どれほど荒れ果てていたことでしょうか。》

そのとおりでしょう。「不謹慎」を承知で私も記すなら、**「よい長男」と「凶暴」な中学生という二重性があったがゆえに、Aの心は解離が生じやすくなっていた**と思われるのです。この二重性こそが、Aの「荒れ果てていた」心の本質だったのです。

さて、『彩花へ――「生きる力」をありがとう』が指摘している、もう一つの大事な点は、更生についてです。

やはり「暴論だと笑われるかもしれませんが」と断りつつですが、「たとえ、心が歪んでしまっても、まっすぐになろうという闘いをしなければならないのです。」と、京子さんは記しています。「自分で自分を変える闘争を開始しないと何も変わらない」「人間は闘争をすれば変われる」というのです。

もちろん、闘う主体は、子どもだけではありません。

《子どもを生んだところで、親である私たちが人間というものの質において、どれほどわが子にまさっているといえるでしょうか。そうであるならば、親自身が、自分で自分の歪みと闘い続ける姿勢を見せていくことこそ、最高の教育だと思うのです。》

「闘争」「闘い」という言葉が、一定のリアリティを持って使われていた時代の最後の局面――それが、神戸市連続殺傷事件のころだったのです。それは、**自分との闘争、自分自身との闘い**という意味でした。

しかし、この事件以降、この言葉は陰に隠れてしまい、代わって他者非難により、正義の共同体を守ろうとする声が高まってきました。自分は常に正義の共同体に属している、だからそれを揺るがせる悪を非難するのだと、声高に叫び恥じない動きです。

なんとも愉快な人たちだ、といって済む話ではありません。こうなってしまえば、自分で自分の歪みと闘い続ける姿勢などは絵空事で、なにごとにつけても正義の共同体から反響する大合唱にしたがう以外に、選択肢はなくなってしまうでしょう。

はたして、それでいいのでしょうか。この自問を手放さずに、ひきつづいて『絶歌』を読み解いていくことにしましょう。

第六章
淳さん殺害・死体損壊・遺棄事件

淳さんとAとの関係

山下彩花さんら竜が台事件の被害者とは異なり、Aが殺害して死体を損壊・遺棄した土師淳さんは、生前にAとのあいだで一定の交流を持っていました。淳さんは、Aの一番下の弟と同級生で、そのためもあって、Aの家によく遊びに来ていたのです。

にもかかわらず、Aは、『絶歌』のなかで「警察の取り調べでも、精神鑑定でも、僕は淳君に対して、憎しみも、愛情も持ったことはなく、淳君と自分との間の情緒的交流を一貫して否定し続けた。」と記しています。「**誰にも侵されることのない秘密**」にしたかったのだそうです。

すでに詳しく検討してきたように、Aは、もっとも重要な祖母の死と精通との関係について、『絶歌』を書くまでは、誰にも語りませんでした。同様に、淳さんに対する気持ちに関しても、重要であるがゆえに、誰にも語っていなかったのです。

では、Aと淳さんとの関係は、具体的にはどういうものだったのでしょうか。『絶歌』には、次のような箇所があります。

《僕と淳君との間にあったもの。それは誰にも立ち入られたくない、僕の**秘密の庭園**だった。何人たりとも入ってこられぬよう、僕はその庭園をバリケードで囲った。》（太字は引用者による。以下同。）

つまり、Aは、淳さんとの関係を自分一人の心の中に、とどめておきたかったのです。それは、いったいどんな性質のものだったのでしょうか。Aは、こう記しています。

《淳君が初めて家に遊びにきたのは、ちょうど祖母が亡くなった頃だった。その時から僕は淳君の虜《とりこ》だった。（中略）祖母の死をきちんとした形で受け止めることができず、歪んだ快楽に溺れ悲哀の仕事《グリーフワーク》を放棄した穢《けが》らわしい僕を、淳君はいつも笑顔で**無条件に受け入れて**くれた。淳君が傍にいるだけで、僕は気持ちが和み、癒された。僕は、そんな淳君が大好きだった。》

Aにとって淳さんは、祖母と同様の、特別な存在だったことがわかります。それは、単に淳さんによる初めてのA宅への訪問時期が、祖母の死の時期と重なっていたからだけではありません。淳さんとかくれんぼをして遊んでいるとき、次のようにAは、祖母と淳さんを重ね合わせているのです。

すなわち、Aが隠れる番になり公園の植え込みに身を潜めていると、はじめは楽しそうに探しまわっていた淳さんが、不安になったのか、Aの名前を呼んで泣き出したのです。そのとき、Aは、同じ公園でAが祖母に見せるために木登りをして、てっぺんに辿りついたときのことを思い出しました。祖母は、Aを心配して、早く降りるようにと泣き叫んでいたのでした。このように、淳さんと祖母は、つねに二重写しにされているのです。

Aにとって、淳さんと祖母の共通点とは、何だったのでしょうか。先に引用したとおり、淳さんの笑顔は、Aを無条件に受け入れてくれているように、Aの眼には映りました。この「**無条件に受け入れてくれる**」というところが、両者の共通点だったのです。そして、**このことこそが、『絶歌』の出版がなければ誰も知りえなかった、第二の重要な心理**なのです。

淳さんはどんな子どもだったのか

では、Aをして無条件に受け入れてくれると思わせた淳さんとは、どんな子どもだったのでしょうか。『絶歌』には、次のように記されています。

《身長は一四《マ》十《マ》センチ前後。細くさらさらとした栗色の髪には、いつも天使の輪が落ちていた。額は広く、肌の色は白く、少しぽっちゃり体型で、近付くと桃のような甘い匂いがした。

大きなアーモンド型の眼は、瞳の色素が薄く透き通り、きれいな虹彩の模様がくっきりと見えた。》

Aの視覚的な記憶力がいかに優れていようとも、ここまで詳細に記すことが出来るのは、やはり淳さんが、Aにとっての特別な存在だったからでしょう。淳さんの父親=土師守さんが記した『淳』（新潮文庫）という本には、淳さんの複数の写真が収載されています。しかし、それらの写真だけではわからないほどの、外見上の細かな特徴さえもが、『絶歌』には記されているのです。

ここで、淳さんに関し、『淳』に基づいて、もう少し詳しく記しておくことにします。

幼児期から淳さんは、いつも笑顔をふりまき、競争心のない子どもだったそうです。一方で、言葉の遅れがあったといいます。

入学後は、いろんな人が声をかけてくれましたが、淳さんは無頓着でした。二年生からは、「なかよし学級」に所属しました。淳さんの好きなものは、水泳のほかに、乗り物でした。JRの電車はほとんど覚えていて、クレーン車など工事用車両、救急車やゴミ収集車が好きでした。また、機関車トーマスの大ファンで、トーマスのキャラクターが増えると、自分の決めた順番に並べていたと書かれています。

淳さんは、布団を他の家族のぶんまできちんと敷いてくれ、たまに母親が敷くと、自分が決めた並べ方に、全部やり直していました。

そして、歌では「翼をください」、アニメでは「日本昔ばなし」「ドラえもん」「サザエさん」、花ではひまわりが好きだったといいます。さらに、ジグソーパズルは得意で、いっさい絵を見ないで一〇〇〇ピースのものまで作るようになりました――。

ジグソーパズルのエピソードに続けて、土師守さんは、「あとになって知った言葉ですが、いわゆる〝直感《ママ》像素質〟というものだったと思います」と記しています。Aも精神鑑定で「直観像素質者」と診断されているのですが、Aと同じく淳さんも、眼からの記憶力が優れていたようなのです。

淳さんの父親は医師ですので、他の何人かの医師に、淳さんの診察を依頼しています。その結果、淳さんは「知的発育障害」を有しているものの、その原因は見つからなかったと書かれています。

しかし、『淳』に収載されている、「八歳二カ月、三年生になって。トランポリンの上でポーズ。」と題された写真の淳さんは、「ピース」のサインをするのに、手の甲を自分の向こうに（曲げた親指・薬指・小指を手前に）して、人差し指と中指を立てています。つまり、通常とは逆向きです。これは、ある種の発達障害を有する子どもに、しばしば認められる特徴にほかなりません。

これに、順番に並べる、絵を見ないで一〇〇〇ピースのジグソーパズルをつくるといったエピソードが加わっているのですから、現在であれば、知的障害の「原因」とは別に、何らかの発達障害の併存診断が追加されるかもしれません。

このようなことを私が説明しているからといって、私の意図が、診てもいない淳さんの診断名を推測するところにあると、思わないでください。いわんや、そのときに診察した医師が、見落としをしているなどと、指摘したいわけではありません。

そうではなく、右に記したような特徴を持つ子どもたちがいて、そういう子どもたちは透きとおるような純真さを持つこと、そうであるが故に、そういう子どもたちと接する全ての人々が、**心が洗われるかのような気持ちになるという事実**を、伝えたいのです。

尋ねてみればわかっていただけると思いますが、そういう気持ちは、児童精神医学に関わる人たちばかりでなく、障害児福祉・保健・教育などに携わる人たちの誰もが、いつも抱いているはずです。彼らが、たとえ給料が安くても、その仕事を辞めないのは、心洗われる一瞬の気持ちが忘れられないからです。そして、きっと淳さんは、そういう子どもたちのうちの一人だったのでしょう。

ここまで記せば、Aが淳さんを、被害者であるという理由から、いまになって言葉の上だけで美化しているわけでは決してないことが、わかっていただけるでしょう。亡くなった祖母以外には、家庭内に自分を無条件に受け入れてくれる人がいなかったAですから、淳さんが「大好きだった」ことについては、疑う余地がありません。

にもかかわらず、なぜAは、淳さんを殺害したのでしょうか。また、それだけではなく、なぜ死体損壊にまで、手を染めてしまったのでしょうか。

淳さん殴打事件（1）

神戸市連続殺傷事件よりも二年近く前、Aが小学校六年生で淳さんが三年生のころ、Aは学校で淳さんを殴っています。

『淳』によれば、言葉の遅れのために訴えることのできない淳さんをAは殴り、淳さんの頭には、たんこぶが出来ていたそうです。Aによる暴力が発覚し、担任の先生がAを連れて、淳さん宅へ謝りにいきました。Aは「シクシク泣きながら〝ごめんなさい〟と素直に謝った」ため、淳さんの母親は許したということです。その後、淳さんの母親は、念のためにA宅へ電話をかけたのですが、そのときAの母親は、「あの子は、六年生になってから仲の良かった友だちとクラスが別々になって、きっと寂しかったんやわ」と、「言い訳」をしていたと書かれています。

一方、このあたりの事情を、Aの母親は、次のように記しています（『「少年A」この子を生んで……』）。Aは、職員室では、淳さんがちょっかいを出したからだと言い訳をしていたが、先生と一緒に謝りに行ったとき、淳さんの母親が優しく聞いてくださったので、最後は泣いて謝った。そういう連絡を先生から受けたAの母親は、びっくりして淳さん宅にお詫びの電話を入れた。すると、淳さんの母親は、「かまへんよ」と優しく言ってくれた。家ではAに、懇懇と言い聞かせた――。

微妙に異なる説明ですが、どちらがほんとうなのでしょうか。同じ出来事を、Aは次のように説明しています（『絶歌』）。その日、淳さんは、「天使のような笑顔で、グランドの隅の吊り輪を指差し、僕〔＝A・引用者註〕に一緒にそこへ行ってもらえるように促しただけだった」。そのときのAの気持ちは、ちょっと解りづらいのですが、そのまま引用するなら以下のとおりです。

《──自分は受け容れられている──

どういう心理の捩れが生じればそうなるのか、この世界にいっさいフィルターをかけることなく、美しいものも醜いものも、視界に入るすべてのものをありのままに取り込んだ淳君のきらきら輝く瞳に、自分も含まれてしまうことが耐えられなかった。僕は自分が侵され、溶かされていくような激しい恐怖に囚われ、気がふれたように淳君にとびかかり、馬乗りになって殴りつけていた。》

論理だけをたどっていけば、何とか解らないわけではない説明です。淳さんは、Aを受け入れてくれている。また、淳さんは、美も醜も、そのまま取り込んでしまう。すると、淳さんは、醜いAさえをも受け入れることになる。それが耐えられない。醜いAなど、受け入れてほしくはない。そういう気持ちで殴りかかったというのです。

では、非論理というか感情のレベルで、解る説明だといえるでしょうか。若干の経験さえあれば、感情のレベルでも解る説明になっていると、私は思います。若干の経験というのは、一例をあげるなら、次のような状況です。小さいころから息子を無条件に受け止めつづけていた母親がいた。ある年齢になった息子は、ある事情から非行に手を染めた。それでも母親は息子を守り続けようとしたが、息子は母親を拒絶し、暴言を吐きながら家を出た――。

右にあげたような事例は、決して珍しくはありません。このような事例を身近に、あるいは仕事上で経験している人なら、暴言にとどまらず、息子から母親への暴力にまで至る場合さえありうることも、知っているはずです。

身も蓋もない言い方をすれば、母親に対する息子の両価的感情（アンビバレンツ＝この言葉は『絶歌』でも用いられています）ということになるのですが、そういう言葉では、正確な感情を知ることができません。息子が母親をほんとうは慕っていること、一方で息子は母親の愛情に価しないと自ら信じこんでいること、だからもう愛さないでくれと暴言を吐き暴力をふるうのだということこそが、重要なのです。

淳さんとAとのあいだには、それと同じような感情の動きが生じていたのです。祖母の死以降、受け容れられた経験をもたないAは、受け入れてくれる淳さんに応える行動とは何か、とっさには思い浮かべることができませんでした。かわりに、**純真な淳さんに穢れたAはふさわしくないという感情だけが嵩じ、暴力へ至った**と考えられるのです。

淳さん殴打事件（２）

前項で記したような機制に気づく人が、Aの周囲に一人でもいたなら、その後の展開は違ったものになっていたかもしれません。だが、被害者である淳さんの家族が気づかないのは当然としても、肝腎のAの母親も全く気づいていませんでした。「あの子は、六年生になってから仲の良かった友だちとクラスが別々になって、きっと寂しかったんやわ」といった「言い訳」をしていたという『淳』の記載が、よしんば事実とは異なっていたとしても、「懇懇と言い聞かせた」だけであれば、気づいていないことと何らかわりはありません。

では、教師はどうだったでしょうか。『絶歌』によると、淳さん殴打事件の後で、Aは、「なかよし学級」の女性教師から、睨みつけられたといいます。Aの担任教師とともにあらわれた、三〇歳前後のその教師は、涙をためた眼元を紅潮させ、いまにもとびかかってきそうだったのだそうです。

《淳君はA君のこと好いとったんとちゃうの? わたし、外でA君と淳君が一緒に遊んどるとこ見たこともあるんよ。A君はほんまは優しい子なんやってその時は思っとったけど、辛いことがあっても言葉で言われへん子に暴力振るうなんて、絶対許せへん……。淳君がされたこととおんなじことを、私がA君にしてやりたいくらいや……》

これが、その女性教師が、声を震わせつつ語った内容でした。「なかよし学級」の児童を、どれほど大事に思っているかが、伝わってくる話です。でも、「ほんまは優しい」Aが、なぜ「A君のことを好いとった」淳さんに暴力を振るったのか、その背景にまでは考えをめぐらせようとはしていません。もっとも、そう言ってしまうと、やや酷な指摘になってしまうことも確かでしょう。

受け持っている大切な児童が殴られたのですから、怒りのためそこまで考えをめぐらせることができなくても、当然といえば当然だからです。

しかし、一緒にいた担任教師は、どうだったでしょうか。彼は、Aの担任である以上、Aの暴力の背景を考えなければならない立場にあったはずです。しかし、淳さん宅へAと一緒に謝罪に行ったのは良いとして、それ以外はA宅に電話を入れただけのようなのです。

もちろん、Aの行動の背景を、担任が一人で考えることは、簡単ではないでしょう。だからこそ、ここはAの担任と「なかよし学級」の担任にプラスアルファの教師が加わって、カンファランスを開くべきだったと思われるのです。

しかし、カンファランスが開かれた形跡はありません。淳さんとAとが一緒に遊ぶ仲だったにもかかわらず、なぜ殴打事件を起こしたのかに思いをめぐらせる大人は、誰もいなかったのです。

殺害と死体損壊

ここで、淳さんの殺害について、家裁の決定に記された非行事実を、書き写しておきましょう。ただし、この手の文書は、なぜか数行（ときには十数行以上）にもわたって、読点なしのワンセンテンスで記されていることがあり、この決定書もそうなのです。そのため、ここではセンテンスをいくつかに分け、かつ若干の省略を加えて、わかりやすく書き写すことにします。

《自宅を出て自転車で走っているとき、淳さん〔原文は伏字〕と偶然、出会った。とっさに「向こうの山に〝カメ〟がいるから一緒に見にいこう」と誘い、タンク山山頂の入り口前へ連れていった。同所で、「殺意を持って」〔これは検察官らがよく使う常套句と思ってください・引用者註〕うしろから右腕を淳さんの首に巻き、締めつけながら倒した。次いで、仰向けにし、馬乗りになって手袋をした両手で絞めた。その後、自分の履いていた靴の紐で首を締め、殺害した。》

カメを見にいこうと誘ったあたりは、『絶歌』にもそういう箇所が出てきますから、おそらく事実なのでしょう。

なお、殺害時におけるAの気持ちについては、上記引用部分に続く形で、「殺すことが出来、支配出来て、僕だけのものになったという満足感でいっぱい」と記されています。また、それに付け加えるように「殺している間、性的に興奮」と書かれています。ただし、『絶歌』には、それに相当する部分が書かれておらず、「極端に事実を捻じ曲げたりせずに、自分なりに考えた『史上最年少シリアルキラー』のストーリーに沿って」鑑定人に話したと書かれているだけですので、詳細は不明といわざるをえません。

ほかにも、『絶歌』では明示されていないが、決定書には記されている箇所を、列挙しておきます。

まず、Aは、金鋸で遺体を切断しているのですが、決定書ではそこに「性的に興奮していた」という注釈がついています。

また、首を地面に置き、「この不可思議な映像は僕が作ったのだとの満足感」に浸っていたとき、遺体が「よくも殺しやがって。苦しかったじゃないか。」と文句をいったと、決定書には記されています。そして、これは、「幻聴体験だが、一過性のもので分裂病〔統合失調症の旧訳語・引用者註〕性の幻覚とは異質」だと、説明されています。

さらに、Aは、「自分の血は汚れているので、純粋な子どもの血を飲めば、その汚れた血が清められる」と思い、ビニール袋に溜まっていた血を口一杯分飲んだと、決定書は指摘しています。

ここらあたりは、Aが当時、ほんとうにそう思ったり、そう行動したりしていたのか、あるいは、鑑定時に独自に考え「史上最年少シリアルキラー」のストーリーに沿って話しただけの内容なのか、見分けがつきません。仮に事実から離れていたとしても、全くの嘘ではなく、真実に近い線を語っていると考えていいような気もします。だが、これ以上の詮索は、やはり保留とするしかありません。

さて、その後にAが切断した淳さんの首を持ち帰り、洗って天井裏に隠した行為については、決定書の記載と『絶歌』の記載が、ほぼ一致しています。ただし、次のような細かな違いがあるのですが。

第一に、決定書にある「入角ノ池の側の木の根元の穴に首を隠した」という部分は、『絶歌』では「生命の樹《アエダヴァーム》の根元の洞」と表現されています。入角ノ池には、先端が男性器のようで、根元が女性器のような形状の大きな樹があり、それをAは、アダムとエヴァのアナグラムで、アエダヴアームと名づけたのだそうです。

要するに、単なる隠し場所としての「穴」ではなく、性的な意味ないし出生の意味を帯びた「洞」だということを、Aは言いたいのでしょう。

第二に、首を風呂場で洗い、タオルで拭き、毛を櫛でといたとき、性的に興奮したと、決定書には記されています。しかし、現在（家裁での審判の時点）は「性衝動は全然無い」と書かれています。一方、『絶歌』では、風呂場の磨りガラスの向こうで「殺人よりも更に悍《おぞ》ましい行為に及んだ」と記され、「僕はこれ以降二年余り、まったく性欲を感じず、ただの一度も勃起することがなかった。」と附記されています。

首を風呂場へ持ちこんだ日から逮捕される日までに限っても、約一か月の期間があります。その期間中、まったく性欲がなかったというのです。Aが、性的興奮を目的に殺人を繰り返しているというだけなら、この一か月間を含む二年間にわたって、全く性欲がなかったというのは不思議です。あまりにも、死体損壊時の衝撃が強かったからでしょうか。あるいは、ぼかされて表現されている「悍ましい行為」が、首を風呂場で洗い、タオルで拭き、毛を櫛でといたという以上のものだったからでしょうか。

A自身は、「性的なものも含めた『生きるエネルギー』の全てを、最後の一滴まで、この時絞り切ってしまったのだろう」と考えています。絞り切ってしまったものは、「性的なもの」だけではないというのです。「生きるエネルギー」の全てを絞り切ったと、Aは述べています。これが、死体損壊時における、Aの状態でした。このことを、どう考えればいいのでしょうか。

少なくとも、歪んだ性欲を得るため殺人を繰り返していたという説明だけでは、説明しつくすことが困難です。Aは、**心理的自殺**を行いつつあったのではないか。そう考えない限り、説明がつきそうにありません。

別の箇所で、Aは、「僕は淳君と**自分自身を**、タンク山で同時に絞め殺してしまった。」とも記しています。だとすると、殺人の時点でAの心理的自殺がはじまり、死体損壊の完成時点でAの心理的自殺もまた完成したということになるでしょう。

では、そもそもAの心理的自殺は、何によってもたらされたのでしょうか。

Aを無条件に受け入れてくれた祖母の死と、同じく淳さんの死によってです。二人のうち、淳さんの死は、もちろんAが引き起こしたものです。そういう意味ではA自身の責任ではあるものの、結果として、Aを受け入れてくれる人は皆無になったことも、また事実です。人間は関係によって生きる存在ですから、**受け入れてくれる人がなくなった時点で、Aは心理的に死ぬ**しかなかったのです。

繰り返しをいとわず記すなら、『絶歌』の出版によってはじめて知ることができた、二つの重要な心理こそが、神戸市連続殺傷事件を解く鍵だったのです。その鍵を手に入れることによって、猟奇的にも映るAの行動が、実は心理的自殺の過程であったことを、私たちは解明しえたのです。

第七章

医療少年院から更生保護施設のころまで

医療少年院（1）

心理的自殺の後、逮捕されたAは、続いてどのような道を歩み、再生していくのでしょうか。その道程を、これから丁寧にたどっていくことにしましょう。

最初にAは、家庭裁判所を経て医療少年院へと送られました。（神戸市連続殺傷事件のころの少年院は、初等・中等・特別・医療の四つに分けられていましたが、いまは第一種・第二種・第三種・第四種に分類されています。第三種少年院は、それまでの医療少年院に相当します。ちなみに、第三種少年院は、心身に著しい障害のある概ね一二歳以上二六歳未満の者を、収容することになっています。）

一九九七年から二〇〇四年までの、医療少年院での七年間の体験に関する『絶歌』の記述は、きわめて少ないのですが、それでも少なくとも二か所、注目すべき記述をみつけることができます。

一つは、少年院入院後二年目の夏の出来事です。Aは、教官から二冊の本を渡されました。本書でも繰り返しとりあげてきた、彩花さんの母親による手記と、淳さんの父親による手記です。

それらを独房で一気に読んだAは、その夜から、犯行時の様子が繰り返しフラッシュバックし、眠られなくなりました。血まみれの彩花さんや、首のない淳さんが、「手を伸ばせば触れられるほどリアルに、眼の裏にありありと映し出された」からです。

おそらく、それは誇張ではないでしょう。「直観像素質者」とされているAの視覚的記憶力は、あたかもフィルムにおさめるように、情景の細部までをも覚えていて、きっかけさえあれば、いつでも完全に再現されるようになっているはずだからです。

その結果、Aは、「次第に精神に変調をきたし、睡眠薬、向精神薬を投与され、一日中パジャマ姿で独房から出られない」状態に陥りました。

では、その状態を、Aはどうやって切り抜けたのでしょうか。

《脅迫《ママ》神経症的に独房の隅から隅までピカピカに掃除し、何かに取り憑かれたように筋力トレーニングに励み、脇目も振らず課題や学習に取り組んだ。黙々と日課をこなし、徹底的に身体を痛めつけ、頭を疲れさすことで、狂人の楽園への逃げ道を塞いだ。

少年院のスタッフはそれを「成長」と捉え、評価してくれた。》

「狂人の楽園」とは、「取り憑かれたように」行動する少し前に、一瞬、「このまま壊れてしまったほうが楽」と考えたことを指しています。そうならないために、Aは、強迫的に身体を動かし、事件とは別のことを考えて頭を疲れさせたのでした。

それを周囲のスタッフは「成長」だと評価してくれたのですが、もちろんA自身は、そう思っていません。眼をそむけ、遣り過ごしているだけではないかと、自省しています。

誤解を恐れずにいうなら、誰の人生にも、ものごとを直視せずに回避することが、必要な時期があるでしょう。そして、回避のために有効な方法の一つは、苦悩とは別のタスクを、強迫的に繰り返すことなのです。Aも、そうしていました。しかし、そうしながらもAは、それではいけないと考え、苦しんでいたのです。

医療少年院（2）

医療少年院時代に関する数少ない記述のうち、**他の一つは**、仮退院が近づいたころの短いエピソードです。

《仮退院が近付いた頃、更生の信憑性や治療の成果を判断するため、僕は複数の外部の医師と面接した。》

たったこれだけの記述です。

仮退院時における毎日新聞の報道（二〇〇四年三月一一日）によると、法務省幹部は、事件当時指摘されていた性的サディズム[*11]について、「複数の専門家が診て、外部の医師の意見も聞いたうえで判断し、心理検査もした」結果、その兆候はなくなったと述べていますから、「複数の外部の医師と面接した」というAの記述と一致します。

Aが、わざわざこのエピソードを記しているのは、仮退院後に見たテレビのドキュメンタリー番組で、Aと何度か会った児童精神科医が、Aのことを「礼儀正しく、作り直された人工的な印象を受け、壊れやすい温室の花を連想した」と、コメントしていたからです。このコメントに対するAの感想は、「精神科医」という肩書を持つ人に対しては、ことさら冷静に、感情や表情を消して振る舞うのが習い性だから、そう言われても仕方ない、というものでした。

たとえ感情や表情を消していたとしても、性的サディズムが持続しているか消褪へと向かっているかを、複数の精神科医の全員が間違うことはないでしょう。ですが、そのこととは別に、「礼儀正しく、作り直された人工的な印象を受け、壊れやすい温室の花を連想」といったコメントは、あまり誉められたものではないと思います。少年院での処遇自体が、「礼儀正しく、作り直された人工的な」ものを求めているからです。つまり、意図的であろうがなかろうが、感情や表情を

*11　家裁の決定には、「未分化な性衝動と攻撃性の結合に因り、持続的且つ強固なサディズムは予て成立しており、本件非行の重要な要因となった。」とある。

消したようになってしまうのは、長く入っていれば当然なのです。

ちなみに、Aと一緒にテレビを見た、篤志家のYさんの奥さんは、「私は、少年院で初めてA君に会った時、そんなふうには思わなかったけどなぁ〜」と、口にしたそうです。だとすると、Aは、長期にわたる収容であったにもかかわらず、精神科医ら以外には、「人工的」ではなかったことになります。そうであるなら、「温室の花」という連想は、的外れということになるでしょう。

いずれにしても、私なども含め精神科医は、人生経験では他の人々に、とてもかないません。ですから、「温室の花」といった表現は（前後の脈絡がどうだったのかはわかりませんが）、やはり使わない方がよかったのではないでしょうか。

仮退院

少し話が脱線しそうになってきましたので、元に戻すことにします。

前項でも触れた毎日新聞の記事は、Aの仮退院について、以下のように報じています。やや長くなるかもしれませんが、引用しておきましょう。

《「当初指摘されていたような精神障害は認められず、しょく罪意識も出てきた」。法務省幹部はこの日の記者会見でこう説明した。

同省によると、少年院内では医療担当スタッフと矯正教育スタッフで特別処遇チームを編成。(1)しょく罪意識を養う(2)生命を尊重する心を育てる(3)社会復帰のための適応力をつける——の三点を目標に、男性(=Aのことです・引用者註)の更生に取り組んだ。

医療面では「複数の精神科医が精神療法を通じて頻繁に面接を重ね、状態が良くなっていった」という。》

《その理由として「人格が固まった成人が性的サディズムと診断をされると良くなるのは難しいが、男性は思春期にあったため、いい方向に変化した」と話す。しかし、具体的なプログラムの内容や、男性の回復過程については明言を避けた。》

《少年院では、重大事件を起こした少年たちには「G3」という特別な処遇が行われている。関係者によると、男性は入所当初、「よろいを着たようにかたくなで笑顔もなかった」という。その後、ゲームなどを通して教官らとの関係を徐々に築いた。》

G3とは、「非行の重大性等により、少年の持つ問題性が極めて複雑・深刻であるため、その矯正と社会復帰を図る上で特別の処遇を必要とする者」を指します。G3として処遇されたAは、精神療法などにより回復したというのが、会見の骨子です。ただし、プログラムおよびその効果については、公表できないとされました。

ほかにも、原則として公表できないとされているものがあります。それは、退院および処遇に関する情報です。毎日新聞の報道を、続けて読んでみましょう。

《法務省は男性が仮退院したことを、直後に被害者の遺族側と報道機関に相次いで知らせた。

同省は、男性に対しても仮退院を公表することを伝え、男性もこれを了承したという。成人事件の場合、出所情報を被害者に通知する制度を導入しているが、少年事件では未整備で、異例の対応だった。同省は会見で「少年事件でも、被害者保護の観点から、少年の出院（仮退院）情報を提供する方向にある」と制度化を検討していることを明らかにした。

同省は、男性の少年院での処遇に関する情報も「折に触れて遺族に説明してきた」（幹部）という。しかし、制度化については「成人でも制度化されていない。出院状況とは区別して考えたい。事件の重大性、被害者からの要請、少年のプライバシーなどから個々に判断していくしかない」と述べるにとどまった。》

何でもかんでも公表すればいいというものではありません。養子縁組などにより名前が変わっている場合、新しい氏名を公開することは、わざわざ社会復帰を妨害し再犯へ追い込むようなものですから、論外です。居所にしても、「被害者保護」を目的にするなら、被害者の近隣に戻るのではないということさえ明らかになっていれば、それで十分だと思います。

むしろ、明らかにされるべきは、少年院でどのような方法により改善がもたらされたのか、また退院後のサポート体制がいかに十分なものとなっているかでしょう。同じ毎日新聞で、私は次のようにコメントしました。

《今後は男性を地域全体で支えなくてはならない。男性が社会に溶け込めるかは周囲との相関関係で決まり、周囲が特別視するほど関係は悪化する。だから、男性が地域に受け入れられるために法務省は男性がこの六年間、どんなプログラムで治療し、どんな反応を示してきたか、男性のプライバシーを守ったうえで出来るだけ公開すべきだ。また、少年事件の場合、入院中と退院後にサポートメンバーがかわってしまい、治療の連続性が途切れる問題が指摘されている。今回を機に同一に近い態勢を取るべきだ。》

私のこの考えは、いまも変わっていません。附記するなら、プログラムおよびその効果について、法務省が公表に消極的だということからは、Aに対しても、医療少年院内での具体的な治療について口外してはならないという縛りが、やはり法務省からかけられている可能性を否定できません。本書の冒頭でも指摘しましたが、『絶歌』で少年院時代に関する記述が少ない理由の一つは、そういうところにあるのかもしれないのです。

保護観察

前項で触れた仮退院は、少年院における処遇が最高段階に達し、保護観察に付すことが少年の改善更生のために相当だと認められる場合に、行われる方法です。少年院仮退院者の保護観察期間は、原則として二〇歳に達するまでですが、心身に著しい障害があるか、または犯罪的傾向が矯正されていないと認められた場合には、例外規定があります。Aの場合は、すでに仮退院時に二一歳になっていて、そこからの約九か月間が、保護観察の期間にあてられました。

保護観察は、国家公務員である保護観察官と、非常勤の国家公務員でありながら無報酬のボランティアである保護司によって、実施されます。

更生保護法第五〇条には、一般遵守事項というものが列挙されていて、そこには、「保護観察官又は保護司の呼出し又は訪問を受けたときは、これに応じ、面接を受けること。」「保護観察に付されたときは、速やかに、住居を定め、その地を管轄する保護観察所の長にその届出をすること。」「転居又は七日以上の旅行をするときは、あらかじめ、保護観察所の長の許可を受けること。」といった内容が含まれています。

また、五一条には、特別遵守事項というものが掲げられていて、そこには、「犯罪性のある者との交際、いかがわしい場所への出入り、遊興による浪費、過度の飲酒その他の犯罪又は非行に結び付くおそれのある特定の行動をしてはならないこと。」「労働に従事すること、通学することその他の再び犯罪をすることがなく又は非行のない健全な生活態度を保持するために必要と認められる特定の行動を実行し、又は継続すること。」「医学、心理学、教育学、社会学その他の専門的知識に基づく特定の犯罪的傾向を改善するための体系化された手順による処遇として法務大臣が定めるものを受けること。」などが含まれています。

以上を予備知識とした上で、『絶歌』に記された、保護観察期間中のAについて、みていくことにしましょう。

Aの両親は、Aが退院したら受け入れたいと申し出たそうです。しかし、Aは、それを断りました。「事件を意識しながら家族と生活を共にするのは自分の神経が耐えられない」「弟たちへの心理的負担」「万一マスコミに居場所を特定された時に、家族を巻き添えにしたくなかった」といった理由のためです。

実際に、Aが家族と同居したならば、いくら名前を変えていたとしても、両親や弟の動きを追うだけで、簡単に居場所を特定することができたでしょう。それは、法務省も望まなかったに違いありません。

結局、ある更生保護施設[*12]が、一か月限定の条件で、Aを引き受けることになりました。そこでAは仕事を探し、派遣の仕事をはじめました。ところが、施設の食堂でAと言葉を交わした男に勘づかれ触れ回られたため、Aは、保護観察官に付き添われて、ウィークリーマンションに避難せざるをえなくなりました。それでも、Aを住まわせてくれる別の更生保護施設はなく、Aは前の施設の寮母さん夫妻宅で生活しながら、別の施設の施設長が営むゴミ集めの仕事に、従事することになりました。

このときの「ジンベイさん」と「イモジリさん」と呼ぶ人たちとの仕事は、よほどAにとって新鮮で愉しかったのでしょう。いきいきとした描写が、十数ページにもわたって続いています。**直**

＊12　少年院から出た人のほか、刑務所から釈放された人等に対し、宿泊、食事の供与、就労指導、福祉、医療のあっせん等を行う民間団体。

喩の使用は少なく（隠喩も少なく）、使用されていてもあまり目立ちません。

直喩を座標軸として採用しなければ位置づけが不可能になるまでの、感情や思考の混乱が、生じにくかったからでしょう。同様に、隠喩によって支えなければ危機に陥ってしまうほどの、感情や思考の内部崩壊も、生じにくかったのでしょう。こうしてみると、人の心をなごませ安定させる人間とは、いわゆる専門家ではなく市井の人たちであり、彼らの普段の振る舞いなのかもしれません。

それでも一か月は容赦なく経過し、Aは、これまでとは別の保護観察官に伴われて、篤志家のYさんの家へ移りました。先に引用した、テレビのドキュメンタリー番組を見たのも、このYさん宅です。Aは、Yさん宅から、皿洗いや施設清掃のアルバイトに通ったそうです。

この時期のAを支えていたものは、**アクセサリーのデザイン**でした。ピアス、ブレスレット、指輪、アンクレット、ネックレスなどのモチーフは、「蜘蛛の巣に捕らわれた蝶」「ムカデ」など、グロテスクなものでした。「グロいもの、醜いものをいかに美しくデザインするか」が、Aの関心事だったそうです。

このあたりを、どう考えるべきでしょうか。グロテスクなデザインだったことを、Aは隠して記述することもできたはずです。しかし、こうやって明記しているのは、隠す必要がなかったからでしょう。つまり、グロテスクなものを、表現として作品の中に封じ込めることにより、現実の世界ではグロテスクなものを回避することができる。そういう状況を、この時期のAは、つくりだすことに成功しつつあったのではないでしょうか。

保護観察の終了

仮退院した年の一二月で、Aの保護観察期間は終了しました（本退院）。Aは、Yさん宅を出て、アパートを借りました。本退院後のAの仕事は、プレス工でした。ちなみに、体力の要る仕事でありながらも、Aは食事には興味がなく、カップラーメンと冷凍食品のみで済ませたといいます。ただし、本退院後も、Yさんと弁護士たちによるサポートチームが、被害者へ手紙を届けたり、被害者からの伝言を運んでくれたそうです。こういうサポートチームがつくられるのは、異例です。さきほどから引用している毎日新聞も、次のように報じていました。

《一方、関係者によると付添人弁護士らが、他の弁護士、精神科医、カウンセラー、少年院職員らのボランティアメンバーを集め、男性の支援チームを編成した。通常の保護観察では保護司に月二回程度会うが、「男性の場合はそれでは不十分」と判断したからだ。男性の両親は「何かあった時に相談できる体制がほしい」と希望し、保護観察所も「民間の保護司だけでは無理。保護観察終了後も長期間の援助が必要」との意見を出していた。

チームは居住先の保護観察所の調整のもと、今年末の保護観察終了（本退院）後もかかわる見通し。男性や両親に対する精神的ケア、場合によっては被害者への謝罪も取り持つ。こう

した長期の支援チームが作られたのは少年事件では初めてという。》

Aは、サポートチームに対する感謝の気持ちを持っていました、しかし、同時にAは、本書の「まえがき」で紹介したとおり、「これまでずっと誰かや何かに管理されてきた」という疑問に直面するのです。

《贖罪とは何なのか、罪を背負って生きる意味は何なのか、迷いを抱え何ひとつ明確な答えも出せず、ただYさんや弁護士に言われるまま被害者に手紙を書いて、お前はいったい誰に向かって償いをしているんだ?》

《一生、そうやって安全な籠の中で、自分の頭で何も判断せずに済む状況で、自分の意志で何かを選択することを避け続けて生きるのか?》

こういうAの苦悩を、言い訳に過ぎないと断じるのは誤りです。なぜなら、このときのAは、「夜な夜な身体の内側を引っ掻き回されるような激しい焦燥感に駆られ、眠れなく」なっているからです。真剣に悩まない限り、こういった身体内部の症状が出現するはずがありません。

でも、無関係であるがゆえに物事を深く考えない他人は、往々にして、「籠の中」で一生を終えるよう、Aのような立場の人間に対し、要求しがちです。それどころか、それが「更生」なのだと、強弁さえするのです。しかし、それは「更生」ではなく、厳密にいうなら社会内「軟禁」に過ぎません。

そうとはわかっていても、加害者が、あえて「自分の頭」で考えるために「籠」を抜けていこうとすれば、相当な決断が必要になるでしょう。社会内「軟禁」に従うほうが、よほど楽かもしれません。Aといえども、例外ではなかったでしょう。

それでも、二三歳（二〇〇五年）の夏に、Aは、Yさんらサポートチームのもとを、自ら離れたのでした。

第八章
現在まで

カプセルホテル時代

サポートチームのもとを離れた時点で、Aには、七〇万円の現金が残っていました。カップラーメンと冷凍食品しか食べず、遊びらしい遊びもしなかったからです。そのお金でAは、カプセルホテルに泊まり、食費を節約するため、またもやカップラーメンを大量に買い込んで、そればかりを食べて暮らしたそうです。

どうみても、豊かな暮らしとは言えそうにありません。しかし、そんな中でもAは、図書館に通うかたわら、古谷実の漫画を買っています。

Aは、古谷実の『ヒミズ』と『ヒメアノ～ル』にハマった、と書いています。余談ですが、しばらく前に私は、現在一つだけ漫画を読むとするなら何がいいかと、ある社会学者に尋ねたことがあります。（若いころは、それなりに漫画好きだった私ですが、久しく漫画作品の読書から遠ざかっていたために、そういう質問をしたのです。）彼が即座にあげた作品は、『ヒミズ』でした。まだ、映画化[*13]される以前の話です。

この作品は、読んでみると、掛け値なく衝撃的でした。人物の描線が、すべて切れぎれになっている。それと見合うかのように、登場人物の会話も行動も、切れぎれになっている。ただ、社会から見放されたような、「住田」と「茶沢」という男女の行動が現実との接点を保ってはいるが、それもごくわずかだ——。そんな作品です。

Aが同時に挙げている『ヒメアノ～ル』のほうは、パートタイマーの岡田進、恋人の阿部ユカに、ユカを狙う森田正一が登場する作品です。高校時代に酷いいじめを受けていた森田は、首を絞めて命を奪うことに快楽を感じる、異常者になっていました——。

『ヒメアノ～ル』のラストシーンを読んだAは、「あの頃の自分だ」と思ったといいます。森田が「オレはフツーじゃない」「悔しかった」「死にたかった」と回想する場面を読み、泣いたというのです。

*13　園子温監督、二〇一二年公開。出演は、染谷将太、二階堂ふみ。

併行して、Aは、大阪姉妹殺傷事件の山地悠紀夫[*14]についても、記しています。（山地に関するルポルタージュは、内容からいってAが読んだであろうと思われる本を含め、私の知る限り二つありますが、いずれも刊行は二〇〇九年です。Aのカプセルホテル暮らしは二〇〇五〜六年あたりですから、おそらくAは、もっと後になって読んだ本に依拠しながら、『ヒメアノ〜ル』との関連で、カプセルホテル暮らしのころを思い出しつつ、感想を書きつけているのでしょう。）

Aの考えとは、こうです。『ヒメアノ〜ル』に登場する森田は、A自身の「性サディズム障害」と、山地の「アスペルガー症候群」を併せもっている——。

大急ぎで付け加えておかないといけないのですが、山地がアスペルガー症候群を有していたか否かについては、両論があります。彼が入院していた少年院の非常勤医師は有していたと言っていますが、精神鑑定を行った医師は有していなかったと結論づけています。（もちろん、仮に有していたとしても、それは事件の原因にはなりません。[*15]）

いずれであったとしても、Aの主眼は診断名にはなく、次のような山地の言葉への共感にあることは、確かです。

《私が今思う事はただ一つ、「私は生まれてくるべきではなかった」という事です。今回、前回の事件を起こす起こさないではなく、「生」そのものが、あるべきではなかった、と思っております。》

ここを読んだAは、「まるで、事件当時の自分を見ているような気がした」と感じているのです。

ただし、「事件当時の自分」であって、いまの自分ではありません。その点がまだ、救いと言えば救いです。底なしの絶望から、少しずつAは、抜け出しているのです。換言するなら、再生の道程を歩みつつあるということです。**「籠」から出て、「自分の頭」で考えはじめた**がゆえにかもしれません。少なくとも、私としては、そう思いたいところです。

なお、蛇足を承知で附記しておきますが、Aが漫画や犯罪者に関するルポ本をとりあげているからといって、それが低級だなどという非難は、成立のしようがありません。そのことは、他箇所でAが、村上春樹をとりあげていても、それは高級でもなんでもないことと同じです。

古谷実の漫画が優れている（もちろん高級という意味ではありません、「低級」な漫画にも優れたものは少なくないのです）ことはすでに記しましたが、私の知っている二つの山地悠紀夫に関する本も、優れたルポルタージュです。文学と漫画とルポルタージュの境目などは、とっくになくなっているのです。

＊14　二〇〇〇年に一六歳で母親を金属バットで殴り殺した山地悠紀夫は、少年院から出院後の二〇〇五年に大阪のマンションに侵入し、そこに住む姉妹を殺害、放火して逃亡した。

＊15　詳しくは、拙著『発達障害は少年事件を引き起こさない』（明石書店）を参照してください。

建設労働者時代

所持金が五〇万円を切った時点（二〇〇五年一二月）で、Aは、三か月ごとに更新する契約社員として、寮つきの建設会社に応募して採用されました。（余計な話ですが、Aは、それまでの約四か月間に、合計二十数万円しか使っていません。カプセルホテル代が一日千八百円ということですから、生活費は一日二〇〇円程度だった計算になります。やはり贅沢とは反対の生活です。）

Aの主な仕事は、解体工事でした。Aは、職場ではほとんど誰とも話さず、寮でも誰とも交流しなかったそうです。生活は切り詰めていましたが、そのころは**ペーパークラフト**にハマっていたとも、書いてあります。凝りに凝ってつくるAの作品には、ナメクジや胎児もありましたが、一番のお気に入りは天使像だったそうです。

ナメクジに関しては、『絶歌』の中に、「僕は、カタツムリになり損ねた、自分を守る殻を持たないナメクジだった。だから自分を守る殻を、自分の中に作るしかなかった。」と書かれた箇所があります。事件前にAが、ナメクジを解剖していたことと、何か関係があるのでしょうか。

もちろん、ナメクジは、一般に気持ちのいい生き物だとは思われていません。それでもAがナメクジに今も固執するのは、「殻」（＝鎧のようなイメージでしょう）を持たないからだというのです。いかにAが、安全感に乏しい環境で生きてこざるをえなかったか、そして今も安全感が決定的に不足した環境下で生きているかを、指し示すものだといえるでしょう。

胎児についても、『絶歌』には、近所の向畑ノ池に大量発生する、ウシガエルのオタマジャクシを精子に見立て、「その中の一匹が、池の奥深くへと還ってゆき、やがてこの神秘的な池が巨大な光の胎児を身篭るさまを、僕は徒に夢想した。」と記した箇所があります。Aの「未分化な性衝動」と関係するのでしょうか。

そう考えるよりも、大阪姉妹殺傷事件の山地による「私は生まれてくるべきではなかった」という言葉と関係していると、考えたほうがいいのではないでしょうか。現実のAは生まれてくるべきではなかった、別のAとして生まれ変わりたい。そんな願望が反映されていると考える方が、しっくりする場面です。

では、「一番のお気に入り」だという天使像については、どうでしょうか。自分がつくった天使像を持って、Aが冬の公園へと出かけたときの描写が、『絶歌』のなかにあります。

《ウェストポーチから取り出した小さな天使像を掌に載せ、月明かりの下で三百六十度くるくるまわしながら、つぶさに眺めた。人のように細く細く切った紙を幾重にも貼りつけて表した天使の髪に触れ、その小さな眼や鼻や口を、小指の先でそっと撫でた。》

「天使像」とは、淳さんの像ではないかと、感じさせる叙述です。誤解はないと思いますが、Aが事件前と何も変わっていないなどと、非難したいのではありません。人の資質は、反省すれば変わるような、簡単なものではないのです。本人の力が及ばない幼少期に、刷り込まれて成立するものが、資質だからです。

それでも、その資質の由来と仕組みを自分でつかむことができたなら、資質自体は変わらなくとも、行動の方向を変容させることが出来ます。更生とは、そういうことをいうのです。Aが更生しているかどうかを知りたければ、資質から行動へ向かうベクトルを、検討するしかないのです。Aが思い描く淳さんの像が資質の反映であるなら、天使像の制作はAが選択した行動です。すると、資質から行動へ向かうベクトルは、少なくともこの時点では、犯罪とは反対の方向を指しているといえるでしょう。

さて、建設労働者として働き出してから三年余が経過した二〇〇九年、その前年のリーマンショックの影響でしょうか、Aは突然解雇されました。それからのAは、劣悪な職場を転々とすることになりました。

そのころの支えは、**コラージュ**だったといいます。「顔の成る木」、「半男半女のキャラクター」、「千手観音や十一面観音（らしきモノ）」、「曼荼羅」を夢中で作ったと、Aは書いています。また、「〝コラージュ療法〟という言葉もあるくらい、このシンプルな作業には、無意識化《ママ》に潜む衝動や欲求を顕在化させ、メタ認知を促し、自己治癒の効果もある」と記しています。

私が「コラージュ療法」という言葉をはじめて聞いたのは、記憶に基づく限りでは、一九八〇年代後半か一九九〇年代前半の、東海精神神経学会という小さな集まりでした。そのとき発表していた森谷寛之という人が、コラージュを治療に応用した、最初の臨床家だろうと思います。私も診療で試したことがありますが、確かに有用な治療法でした。

Aが、専門家のもとで「コラージュ療法」を受けていたかどうかは、わかりません。（『絶歌』を読む範囲では、「療法」としてではなく、愉しみとして一人で制作していたということのようですが。）また、どんな作品だったのか、図版が載っているわけではありませんので、詳細は不明です。でも、列挙されたテーマを見るかぎり、人体の一部分やその組み合わせにとどまっているのではなく、曲りなりにも仏像から曼荼羅へという方向が目指されているようですから、あるいは「自己治癒の効果」もあったのかもしれません。

溶接工時代

建設会社を解雇されてからの労働環境は悪化する一方だったため、Aは、「封印」していた溶接技術を用いて、就職することにしました。それまでそうしなかったのは、少年院でとった資格を使うことに対し、プライドが許さなかったからだそうです。しかし、溶接工になってからは、「やると決めたら手を抜かず徹底的にやり切る」「手先の器用さと集中力」「脅迫《ママ》的に期限を守る性分」といったAの特質により、仕事ぶりを周囲から認められ、生活の基盤を固めることができました。

この時期に、Aを支えたものは、読書・勉強・旅行の三つだったといいます。

まず、読書は、三島由紀夫と村上春樹。勉強は、A自身について書かれた本・新聞・雑誌記事の、ほとんどすべて。旅行は、弥勒菩薩半跏像のある中宮寺と、日本二十六聖人記念碑を見るための長崎市――。

いずれもが、Aが自分の内面を検証するうえでの、手掛かりを提供しているように感じられたのでしょう。しかし、この時期に目をひくのは、それらの手掛かり以上に、現実の人間模様です。Aは、その時点での人間模様を、過去における家族との関係に結びつけて、とらえています。

第一に、社長との関係です。すでに記したようにAの仕事は極めて正確だったのですが、ある日、「茶髪」の従業員がつくった不良品を、Aの責任にされてしまいました。Aと「茶髪」は、連帯責任ということで、社長に連れられて、取引先へ謝りに行きました。会社に戻ったとき、社長はAの肩に手を置き、微笑んで小さく頷きました。その表情を見たAは、怒りと屈辱感の代わりに、次のような父の言葉を思い出すのです。

《「ええか、A。何事も、一生懸命にやるんやぞ。ひとつのことでも一生懸命やっとったら、必ず誰かが見とるもんや」》

日本の第二次産業は、こういう考え方をする職人的な社員によって支えられていたということが、よくわかる言葉です。社長の行動から父の言葉を引き寄せ、「誠実に、愚直に働いて生きてきた父親らしいこの言葉の意味が、実感としてわかった」と、Aは続けるのです。この時点で、Aは、**父との心理的和解**を密かに果たした、といっていいでしょう。

第二に、「出稼ぎ」の中国人の後輩との関係です。休憩時間に、使い捨てカメラを手にして笑顔で近づいてきた後輩は、「Aさん、Aさん、ワタシと写真、撮りましょう」と言ったそうです。中国で暮らす家族に送るのだという後輩に対し、Aは写真が苦手だからと断りました。それでもシャッターをきった後輩から、Aはカメラを取り上げ、床にたたきつけ壊しました。その直後に我に返ったAは、怯える後輩に対し、謝りつつ千円札を差し出したけれども、後輩はそれを受け取らず立ち去ったとのことでした。

Aは、中国人の後輩と雰囲気が似ていたという理由で、次男の姿を思い出しています。Aは、ことあるごとに次男を殴りつけ、チック[*16]を発症するほど追いつめた過去を、もっていました。次男のプラモデルや自転車を、壊したこともありました。そして、壊した後で、次男の机の上に、百円玉や五百円玉を置いたのだそうです。なるほど、中国人のカメラを壊した後、千円札を差し出した状況と同じです。つまり、ここでも反復が生じているのです。

次男ばかりではなく、Aは、三男のことも思い出しています。三男を、エアーガンで撃ったことがあった。何発も強く殴りつけた。そして、何よりも、三男の大事な友達だった、淳さんの命を奪ってしまった。いまになって、Aは、「A、なんで俺のこと嫌いなん?」という三男の言葉を、思い出しているのです。

＊16　自分の意志とは無関係に、まばたきをしたり顔をしかめたりといった運動や、思わず声を上げるといった症状が、突発的、急速、反復性、非律動的に生じる障害。

「なんで俺のこと嫌いなん?」という三男の疑問は、もっともです。Aには、母親をめぐる相克(同胞間葛藤)があって、それが弟たちへの攻撃となって現れていたのです。ひらたくいえば、母親からの愛情が欲しい。けれども、母親は、Aが長男だからという名目で、Aから愛情を撤去しようとする。弟たちに、母親の愛情を横取りされたと思い込んだAは、ライバルである弟たちに、暴力をふるう。そういう図式です。でも、そんな図式が、幼かった弟たちに(そして、もちろんA自身にも)、わかったはずがありません。

Aは、少年院に収容されていたころに次男から届いた、「俺もAも、絶対に抜け出せないと思っていたあの迷宮から抜け出した」という手紙を、思い出しています。同時に、三男から届いた、「何があっても、Aはこの世でたった二人しかおらん、俺の大事な兄貴やからな!!」という手紙も、思い出しています。弟たちが先に手を差し伸べ、それをAが想起した。ここでも**兄弟間の和解**が進行しつつあると考えていいでしょう。

再生の現段階

こうしてみると、未だ和解の兆しがみられないのは、母親とのあいだだけということになります。Aは、ベビーカーの子どもを連れた若い夫婦を、公園で見かけたことについて、『絶歌』に記しています。しかし、このとき、Aは、自分の母親を思い出しているわけではありません。Aが思ったのは、「その子〔＝ベビーカーの子ども・引用者註〕が産《ママ》まれた時、母親は、一番最初に何と声をかけたのだろう」ということでした。同時に、「自分が奪ったものはこれなんだ」と思ったとも記しています。

ほんとうは、Aが生まれたとき、Aの母親が自分に何と声をかけてくれたのかを、知りたかったのでしょう。それさえ知ることができたら、同様の想像を、他の親子の上にもめぐらせることもできたはずです。そうであったならば、命（どの母親にとってもかけがえのない子どもの命）を、奪わずに済んだかもしれないのです。

しかし、現実は違っていました。ベビーカーの子どもを連れた若い夫婦を見ても、Aは自分の母親を想起してはいません。このように、**Aと母親との関係は、和解が不能なほどの隔たりをもったまま**、現在まで続いていると考えられるのです。

私たちは、『絶歌』の出版がなければ知ることのできなかった、二つの重要な心理を形成したものが、母親からAに対してもたらされた圧力だったことを知っています。また、それゆえにAが、心理的自殺を余儀なくされたことを知っています。

逮捕から現在までの道程は、いったん心理的に自殺したAの、再生への苦闘を反映するものでした。しかし、母親とAとのあいだに横たわる隔たりがそのままである以上、現段階は再生への道半ばにあると、位置づけざるをえません。そのことは、誰よりもA自身がよくわかっているはずです。

第九章
少年法

更生とは何か（1）

Aが、『絶歌』を上梓したことで、Aはまだ更生していないと主張する人たちがいます。そういう人たちが、何をもって更生した／していないを定義しているのか、必ずしも明らかではありません。一九九七年に、一四歳で連続殺傷事件を引き起こしたAは、現在までの一八年間、何の事件も起こしていません。物理的に閉じ込められていた七年間を差し引いても、一〇年間以上にわたって、再犯を起こしていないのです。

実際に**再び非行に手を染めたかどうかという基準**は、いわば唯一の客観的な基準なので、処遇が適切であったか否かを判断する指標として、よく用いられます。たとえば、日本の少年法による処遇は、諸外国に比して、とてもよく機能しているとしばしば言われますが、それはこの指標を用いて言っているのです。そして、この指標で見るなら、少なくとも現在までの時点に限れば、Aは更生していることになります。このことは、厳然たる事実です。

では、**「反省」や「謝罪」といった、やや曖昧な指標**を用いるなら、どうなるでしょうか。その場合は、再非行の有無ではなく、加害者が表現した言葉によって、判断されることになります。このとき、判断の方法が科学的に確立されているわけではありませんから、評価は多かれ少なかれ、主観性を免れないでしょう。でも、人間に関することがらである以上、主観性が悪いとは必ずしも言えません。

たとえば、Aからの五通目の手紙(二〇〇九年三月)を読んだ、山下彩花さんの母親＝京子さんは、次のように感想を述べています。(なお、以下の引用中にある「男性」とは、もちろんAを指しています。)

《「(男性の)周りに逆境の中で精いっぱい生きる人がいて、自分も現実に向き合わなければならないと思っているようだ。これまでの手紙は無機質な印象があったが、今回は確かに生身の人間が書いていると思えた」》(神戸新聞)

さらに、一一通目の手紙(二〇一五年三月)に対しては、次のようにコメントしています。

《「自分が犯した罪の重さに打ちのめされている様子が伝わってきた。今回ほど深く事件を見つめている内容は初めて」〔中略〕手紙では、京子さんが事件後に彩花ちゃんへの思いをつづった本の内容に触れており、何度も読み込んでいる様子がうかがえたという。》〔共同通信〕

山下京子さんが、ことさらAに対し好意的にコメントする理由はありませんし、また『彩花へ「生きる力」をありがとう』を読む限り、京子さんは色眼鏡でものごとを眺める人とは思えませんから、これらは率直な感想なのでしょう。「生身の人間」が、「罪の重さに打ちのめされて」「深く事件を見つめている」——更生という言葉こそ使っていませんが、更生へ歩みだしたと考えているように受け取ることができます。

私が同じ立場だったなら、Aが更生しようがしまいが、そんなことはどうでもいいよ、と言いたくなるところかもしれません。なのに、ここまで丁寧に手紙を読み、コメントを加えている。そこは、山下京子さんの高潔で温かい人柄の反映なのでしょう。

更生とは何か（2）

だが、高潔で温かい人柄も、**しばしば裏切られる**ことを、私たち精神科医のささやかな経験は、教えています。もちろん、精神科医で高潔な人柄の人間は少ないでしょう。だが、高潔な人柄でなくとも、多かれ少なかれ患者に良かれと思いつつ、主観的には温かさをもって行動しているのが精神科医であることも、また確かです。

にもかかわらず、患者がわざとのように裏切る行動をすると、どうして医師の思いに応えてくれないのかと立腹してしまうことが、とくに初心者のころには珍しくありません。そのたびに、そこで腹を立てることは相手の術中にはまってしまうことだと、若手医師は先輩医師から教え込まれます。それ以上に、立腹したままだと、かえって患者を不幸にしてしまうんだよと繰り返し教えられて、気をとりなおす経験を積んでいくのです。

ここからはまったくの想像ですが、Aの主治医に相当する人が今もいるなら、「また裏切られたか」といったんは落胆しつつも、「もう一度ねばって切り抜けよう」と、気をとりなおしているところではないでしょうか。なにか先輩風を吹かすようで恥ずかしいのですが、**「裏切り」にみえる行動があっても、その前に進歩だと思われる兆候が少しでも出現していたなら、進歩の兆候を信用する方が正しい**のです。

もちろん、山下京子さんは、精神科医を職業としているわけではありませんから、「裏切り」の前の良い兆候を信用する訓練など、受けているはずもありません。あくまで被害者遺族の一人ですので、気をとりなおす義務もないでしょう。そのことを前提にしつつ、『絶歌』出版後にAから受け取った手紙に対する、京子さんのコメントを読んでみます。

《まるで本の送付書のようでした。これまで来ていた手紙とは内容も性質も大きく異なるため、受け取る気持ちになどとてもなれませんでした。もちろん手記も受け取っていませんし手紙も持ち帰っていません。》（神戸新聞）

それまで、更生への手ごたえを感じていたのですから、落胆はひとしおでしょう。「共に苦しみ、共に闘おう。あなたは私の大切な息子なのだから。」と、著書の中に記していた京子さんにとっては、文字通り裏切りとさえ感じられたかもしれません。それでも、京子さんは、立腹とは少し違う姿勢をとっているようです。

《しかし時間の経過とともに冷静になり、「元少年Aや出版社の人たちと同じ土俵に立ちたくない」という結論に達しました。》

仮に私が被害者遺族であったなら、やはりこういう「結論」になるだろうと思います。もっとも、私が遺族だと仮定したときには、私は加害者に対して反省も謝罪も期待していなかったのですから、そういう「結論」になるのは当たり前です。しかし、山下京子さんは、すでに触れたように「共に闘おう。」と記していたのですから、この「結論」へ至るまでには、たいへんな苦悩があったことでしょう。

ところで、実際の私は被害者遺族ではありません。遺族ではない私も、遺族であると仮定した場合の私と同じく、加害者に反省や謝罪を求めるなどという言動を、とろうとは考えていません。それは何も、銃乱射事件の犠牲になった教会[*17]に集うキリスト者のように、憎しみを抱かず許しを表明すべきだといった、崇高な理想を抱いているからではありません。**他人に反省や謝罪を求める権利や資格は、被害者とその遺族以外、誰も持っていないし、そんな資格をもっている立派な人間など、どこにもいない**はずと考えるからです。

そうではなく、私が知りたいのは事件を駆動してきた要因や過程であり、それをどこかで喰いとめることができたかどうかです。また、誰もが契機さえ揃えば加害者になる可能性を持っている以上、いったん加害者となってしまった人が、どのようにして更生を実現していくのかを、知りたいのです。それらを知ることによってのみ、悲劇的事件をつうじてではあるけれども、一人ひとりが生きていくうえでの教訓を、導き出すことが可能になるからです。

出版の是非について（1）

淳さんの父親＝土師守さんも、事件の原因を知りたいと望んでいました。その上で、二〇一五年五月には、次のような手記を、メディアに対し公表していました。

《今年も五月中旬に弁護士を通して、加害男性からの手紙が届きました。内容についてはお話できませんが、昨年までとは異なり、私たちが事件の真の原因を知りたいと望んでいたことに対し、彼なりの考えをつづっていたと思います。それで全てがわかったということでは

＊17　二〇一五年六月、アメリカのチャールストンにあるアフリカ系アメリカ人教会で、白人容疑者が銃を乱射し、九人が犠牲になった。教会は、たとえ危害を加えようとする者がいても、扉は開いたままにするとしている。

ありませんが、これ以上は難しいのではないかとも考えています。自分が犯した罪に生涯向き合い、反省の気持ちを持ち続けてほしいと思います。》（神戸新聞）

山下京子さんと同じく、土師守さんも、Aの更生に関する一定の手ごたえを、この時期には感じていたようです。一方で、「これ以上は難しいのではないか」とも述べられていて、このあたりに、客観性を重視する医師（土師さんは放射線科の医師）の冷静さを、垣間見る気がします。

その土師守さんによる、『絶歌』出版後のコメントは、次のようでした。

《以前から、彼がメディアに出すようなことはしてほしくないと伝えていましたが、私たちの思いは完全に無視されてしまいました。〔中略〕先月、送られてきた彼からの手紙を読んで、彼なりに分析した結果を綴ってもらえたことで、私たちとしては、これ以上はもういいのではないかと考えていました。しかし、今回の手記出版は、そのような私たちの思いを踏みにじるものでした。》

やはり、『絶歌』出版前の手紙との落差（といっても本を読んでいるわけではないようですので、遺族に断りなく出版した行動自体との落差ということですが）によって、落胆や憤りが生じている様子がうかがわれます。「〔手記やそれに類似するものを・引用者註〕メディアに出すようなことはしてほしくない」と、Aに対し予め伝えていたのなら、かつ、Aがそれを了承していたのなら、土師さんの意見はもっともだと、私も思います。

しかし、こういうことは、双方の弁護士が、法律家どうしで細かく書面にしておくべき話なのです。形式ばったことを言うようですが、そこをおろそかにすると、水掛け論になってしまいかねないからです。けれども、新聞報道では、書面にしてあったかどうかは、明らかではありません。その点が明らかになっていないのに、遺族でもない第三者が、出版の中止や本の回収を声高に叫ぶとするなら、それは明らかに行き過ぎです。

予め書面にされていないにもかかわらず、出版の中止や本の回収を行うべきと考えられるのは、私人を名指しで誹謗した場合だけだと、私は思います。そうではないにもかかわらず、今回のように、公的機関である市立図書館が、遺族感情を名目に本を置かないなどということを許していたら、私たちは自縄自縛に陥ってしまうでしょう。

公的機関による規制の動きは、遺族の意図とは別に、権力を握った者に利用され、恣意的に拡大されてしまいがちです。甘く考えていては、取り返しがつかなくなります。戦没者遺族全員の了解がないのに、戦争による残酷な遺体写真を公表してはいけない。自殺者遺族の了承がなければ、国軍(自衛隊)内部での非行(いじめ)の詳細を暴いてはいけない。そして、そういう本や報告書を、図書館に置いてはならない――。こんなふうになってしまうことは火を見るより明らかであり、気づいたときには、もはや手遅れになってしまうのです。

出版の是非について（2）

『絶歌』が、「元少年A」という匿名で著されたことに対する、批判もありました。

これまで、匿名が妥当かどうかという問題は、主に事件発生時のマスメディアによる報道をめぐって、議論されてきました。少年や精神障害者が引き起こしたと疑われる事件でも、実名で報道すべきという主張が、一部にあったのです。ただし、主張の理由は、近所に住む人が名前を知らないようでは、警戒することができないといった程度にとどまっていました。（本音は、実名報道で制裁を加えてやりたいという、正義を装った悪意なのでしょうが、さすがにそうは言えませんので。）

しかし、近所に住む人たちは、報道される以前に、誰もが実名を知っているのです。逆に、遠方に住む人々は（ネットで流布される真偽不明の情報にアクセスしない限りは）、実名を知りませんが、それで何ら差し支えはありません。必要なのは事件の本質を考え、教訓を引き出すための情報だけだからです。それゆえに、マスメディアによる報道に関しては、少年であろうが成人であろうが、あるいは精神障害者であってもなくても、匿名でいいのです。

では、『絶歌』のような場合は、どう考えるべきでしょうか。

Aの現在の氏名（本名）は、事件当時の氏名（本名）から変更されています。すると、『絶歌』を出版するに際し、Aには**四つの選択肢**があったはずです。第一は、「旧名＊＊＊」というように、事件当時の氏名に「旧名」という言葉を冠した表記です。第二は、現在の氏名をそのまま用いる方法です。第三は、ペンネームを新たに考案して用いる方法です。そして、第四は、今回用いられた「元少年Ａ」です。

事件当時の氏名はネットで出回っていますから、**第一**の方法をとったとしても、実際の不利益は、それほどではなかったかもしれません。しかし、弟たちへの影響はないとはいえないでしょうし、何よりも古い氏名を用いたほうがいいという、積極的な理由は見当たりません。

Ａにとって、利益・不利益よりも重要なのは、旧氏名が両親から一方的に与えられたものだという、事実にあるのではないでしょうか。とりわけ、母親が命名に少しでも関与しているのなら、その名を捨ててしまいたいと考えたとしても、決して不思議ではないでしょう。

一方、現在の氏名は知られていませんから、**第二**の方法をとれば、興味本位の読者を満足させることはできるでしょうが、ただそれだけの話です。（現在、Ａの近くにいる人に警戒を呼び掛けるためだと主張する人もいるでしょうが、ほんとうにそれが必要で正義にかなっているのなら――私はそうは思いませんが――本を出す出さないにかかわりなく、そうすべきだという話になってしまいます。）つまり、新しい名前で出したほうがいいと考えられる、積極的な理由もないのです。

第一や第二の方法を避けるだけの目的であれば、**第三**の方法としてペンネームを用いても、よかったはずです。読者の立場からいっても、何ら不利益は生じません。なのに、なぜ、Ａは、そうしなかったのでしょうか。

ペンネームは、単なる偽名ではありません。その人の感性・思想・行動を象徴するような名前が、ペンネームです。私見では、「元少年A」という**第四の**方法こそが、実はAにとってのペンネームだったと思われるのです。

Aは、『絶歌』の冒頭に、「僕は、僕でなくなった」と記しています。「モンスターを表す記号」としての「少年A」が、「僕の代名詞」になったというのです。

「少年A」とは一種の烙印でもあるのですが、あえてその烙印を引き受け、それと格闘しているからこそ、Aはあえて「元少年A」という名前を、格闘の感性・思想・行動を表すペンネームとして、用いたのではないでしょうか。そうだとするなら、烙印との闘いに一定の勝利をおさめたときに(一定の更生を達成したときにと言い換えても同じですが)、「元少年A」ではない、別のペンネームを名のることになるでしょう。

逆に言えば、Aは自らの更生が未だ途上だと考えているからこそ、「元少年A」と名のっているのではないでしょうか。読者としては、そういう可能性を、少なくとも頭の片隅にではあれ、置いておく必要があると思うのです。

その他、印税の金額を予想する人たちもいました。それだけなら、暇な人もいるものだと、笑って済ませればいい話です。しかし、印税を遺族に渡せだとか、サムの息子法[*18]を日本でも制定せよといった主張は、もっともらしく見えても、本筋の議論とはいえません。そんな金はいらないとおっしゃる遺族も、少なくないはずだからです。

そもそも、淳さんの両親は、Aとその両親を相手取って一億四百万円の損害賠償訴訟を起こし、一九九九年に、訴えの全額を認める判決が言い渡されているのです。（『「少年A」この子を生んで……』による。）印税収入があったなら、それを損害賠償にあてればいいだけの話ですし、必要なら強制的に徴収する方法を考えればいいだけです。

ただ、余計なお世話を承知で附記するなら、敏腕編集者あがりの社長の名声を慕ってとはいえ、大手出版社に原稿を持ち込み（結局は別の出版社に回されたのですが）、大部数を刷ったのは、失敗だったかもしれません。文字通り不特定多数の読者に向けて書くよりは、信頼できる小出版社から、読者の顔が見える範囲の部数を刷ったほうがよかったのでは、という意味です。もともと金を使わないAにとって、印税の多寡などは、きっとどうでもよかったはずですから。

少年法「改正」(1)

神戸市連続殺傷事件以降、少年法を厳罰化する方向で「改正」しようとする議論が登場しました。ここでは、まず、被害者遺族の意見をみておくことにしましょう。

---

*18　一九七七年に、犯罪者が自分の事件を出版・暴露して得た利益は、被害者の救済基金に納めなければならないとする「サムの息子法」がニューヨーク州で制定され、後にアメリカの他の州にも広がった。

事件直後、山下京子さんは、著著の中で次のように述べていました。

《世間が、加害者を叩きのめすことで、「被害者の人権」が報われるとも思っていません。世間が加害者を袋叩きにしたところで、それは何も生みません。悲惨な事件が、人々のフラストレーションのはけ口に使われていくだけです。》

これほどまで、ものごとをよく理解されている山下京子さんですが、一方で更生には罰が必要だとも、著書の中で述べていました。また、土師守さんの場合も、「少年法の基本的な精神には私も賛同」と明記しつつ、重大な非行と軽微な非行とは区別されねばならないと、『淳』の中で論理的に展開されていました。ただし、神戸市連続殺傷事件直後の時点では、少年法が実際に「改正」されることはありませんでした。

実際に「改正」へは至らなかったものの、「改正」を主張するそのころの議論は、主に刑罰対象年齢の引き下げと、死刑対象年齢の引き下げを中心に、構成されていました。しかし、歴史的流れは、それまで一貫して「引き下げ」ではなく「引き上げ」の方向で推進されてきたという事実を、忘れてはならないでしょう。

事実とは、こういうことです。まず、明治時代に旧刑法が新刑法へと変わりました。このとき、刑事責任能力が、一二歳から一四歳へと引き上げられているのです。ここから、大正一一年の少年法（いわゆる大正少年法）へとつながっていきます。大正少年法では、少年とは一八歳未満であり、死刑適用年齢は一六歳以上とされていました。

第二次大戦後（一九四八年）に成立した少年法は、少年の定義を二〇歳未満、死刑適用年齢を一八歳以上へと引き上げました。要するに、一貫して「引き上げ」が歴史的流れだったのです。

なぜでしょうか。パレンス・パトリエ（国親思想）という考え方が、受け入れられているからです。ひらたく説明するなら、少年が法律に触れる行動に手を染めてしまったとき、親が保護し立ち直らせることができないならば、親にかわって国家が保護して立ち直らせようとする思想です。

文明国である限り、この思想を受け入れなければならない。寿命が伸びれば少年期も拡張しますし、そうすると保護すべき年齢を延長していかないといけない。そういうわけで、少年法の年齢は、常に「引き上げ」の方向へと、進んでいったのでした。

一九四八年の少年法を「改正」しようとする動きは、二〇世紀をとおしてときどきみられたものの、最高裁や日弁連の反対で、長いあいだ現実化することはありませんでした。とりわけ、一九七〇年をはさんだ、高校生による安保－学園闘争の激化と、ほぼ同時期に起きた永山則夫事件[*19]等を契機に生じた「改正」への動きも、さまざまな反対運動（日本児童精神医学会も反対運動を展開

＊19　一九六八年一〇月のガードマン射殺事件からはじまり、翌一九六九年にかけて引き起こされた連続射殺事件。加害者の永山則夫は、獄中で『無知の涙』を執筆した。なお、永山の死刑は、神戸市連続殺傷事件の直後に執行された。

しました）により、封じられました。

神戸市連続殺傷事件後も「改正」されなかった少年法が、年齢引き下げという、歴史的流れに逆行する形で「改正」されたのは、二〇〇〇年でした（施行は二〇〇一年）。この年に散発した、西鉄バスジャック事件[*20]など、いわゆる一七歳事件をきっかけにして、厳罰化すべしとの主張が世の中を席巻していったのです。

このときも、「厳罰化が少年犯罪を抑止する」といった粗野な主張は、さすがに正面には出ませんでした。厳罰化しても抑止効果がないことを、誰もが知っていたからです。代わって主張されたのは、一四歳以上に刑事責任能力があるのに、一四歳から一六歳未満の少年に刑罰が適用されないのはおかしいという、形式的理由でした。

しかし、それだけでは、厳罰化の理由としていかにも弱すぎる。そこで動員されたのが、社会一般人の感情と、被害者・遺族感情への配慮という、理由でした。いずれも「感情」という言葉が用いられているとおり、論理を旨とする法律「改正」には似合わない根拠です。その上、「社会一般人」などという不自然な日本語をくっつけているのですから、よほど苦し紛れの理由だったにちがいありません。

当時は、バブル経済が崩壊し、新自由主義が導入されつつありました。「自己責任」と「小さな政府」が声高に叫ばれる世知辛い時代が、はじまっていたのです。こういう、ぎすぎすした時代ゆえに、少年や精神障害者といった弱い立場の人間は、格好の標的として攻撃されることになりました。人々の不満を逸らすためには、為政者にとって都合のいい方法だったといえます。それが、二〇〇〇年少年法「改正」の本質でした。

少年法「改正」(2)

二〇〇〇年の少年法「改正」の重点は、検察官へ送致できる年齢を一六歳から一四歳に引き下げ、一六歳以上による重大事件は原則として検察官へ送致する(原則逆送)、という二点にありました。いわゆる厳罰化です。

なお、厳罰化以外の「改正」点としては、事実認定手続きの変更があります。具体的には、検察官関与制度(検察官が審判に出席できる制度)と、その場合に弁護士付添人がいないときは国選付添人をつける制度、監護措置[*21]の期間を最大八週間まで延長できる制度、監護措置やその延長に対して異議を申し立てる制度、審判を合議体で行うことができる制度、検察官が抗告受理申立てを

*20　二〇〇〇年五月に、一七歳の少年が、西鉄高速バスを乗っ取り、一名を殺害、五名に重軽傷を負わせた事件。
*21　通常は、少年鑑別所に収容して身柄を保全することをいう。少年の行動の観察と心身の鑑別を目的とする。

行うことができる制度[22]、保護処分の取り消しを請求できる制度が、もうけられました。

さらに、被害者への配慮としては、次の三点が導入されました。すなわち、事件記録の閲覧・謄写、被害者から申し出があったときの意見聴取、同じく決定主文・理由の要旨の通知です。

ところが、「改正」はこれで終わりませんでした。刑事責任年齢である一四歳に達していない少年（これを触法少年といいます）による事件[23]をきっかけにして、二〇〇七年に再「改正」が行われたのです。

二〇〇七年の再「改正」は、触法少年に対する警察の調査手続きを導入したこと、一四歳未満でも少年院送致を可能にしたこと、保護観察中の少年が遵守事項を守らなかった場合に少年院へ送致できるようにしたことの三つが、ポイントでした。他方で、一定の重大事件を対象に、家裁の裁量で付添人をつける制度も、もうけられました。

さらに「改正」は続きます。**二〇〇八年の再々「改正」**では、被害者等が審判を傍聴できる制度がつくられました。もっとも、国会では、健全育成を妨げるおそれがないときに限る、一二歳未満の事件は除外、あらかじめ弁護士付添人の意見を聞くこと、といった条件がつけられたのですが。

その他に、二〇〇八年「改正」では、家裁が被害者等に対して審判の状況を説明できる制度、被害者等による記録の閲覧・謄写の範囲の拡大、被害者等の申し出による意見聴取対象者の拡大が導入されました。

続く**二〇一四年の再々々「改正」**については、記憶に新しいところです。この年の「改正」は、有期刑（懲役・禁錮）の上限引き上げ（一五年を二〇年に）、不定期刑の引き上げ（短期で五年・長期で一〇年を超えないと定めていたものを、短期一〇年・長期一五年に）、検察官の立会いの拡大（殺人や強盗などだけでなく、窃盗や傷害などにも拡大する）といった内容になっています。他方で、国選付添人の弁護士が立ち会える対象を広げました。

こうしてみると、国選付添人制度の拡張といった人権擁護への配慮はいいとしても、刑務所への収容期間は「引き上げ」る一方で、刑罰を科す年齢は「引き下げ」るという流れが、強化されていることがわかります。このような流れは続いていて、いまも再々々「改正」が議論されているのです。

再々々「改正」は、自民党に設置された特命委員会で議論されていて、少年法の適用年齢を二〇歳未満から一八歳未満へ引き下げることを、主眼としています。公職選挙法が改正され一八歳から選挙権が与えられるのだから、一八歳以上を少年法で保護する必要はないという、味噌も糞も一緒にしたい人しか信じないような理屈に、それは依拠しています。

＊22　検察官関与決定があった事件の非行事実の認定に関し、決定に影響を及ぼす法令違反または重大な事実の誤認があるとき、高裁に対して二週間以内に抗告受理申立書を提出する。

＊23　二〇〇三年に長崎市で一二歳の中学生が四歳児を突き落とし死亡させた事件と、二〇〇四年に佐世保市の小学校で六年生の女児が同級生を殺害した事件。

この動きに対しては、「少年法適用年齢の引き下げに反対する刑事法研究者の声明」というものが発表されていますので、それに基づいて、問題点を整理しておくことにしましょう。

まず、選挙年齢や民法上の成年年齢と少年法適用年齢を連動させる必然性はない。現に、旧少年法（大正少年法）は、民法上の成年年齢が二〇歳だったにもかかわらず、少年法適用年齢を一八歳にとどめていました。

次に、年長少年（一八歳・一九歳）に少年法が適用されなくなると、これまで家裁に送致されていた多数の窃盗・横領・傷害事件が、起訴猶予になるか、あるいは簡便な裁判による財産刑で終局することになる。つまり、少年法による、継続的かつ人間的な接触に基づいた教育的働きかけとの差は、歴然としているのです。

さらに、大正少年法が一八歳未満としていた適用年齢を、現行少年法で二〇歳未満に引き上げたのは、国会での説明によれば、当時の犯罪傾向として「二〇歳くらいまでの者に〔中略〕増加と悪質化」がみられ、「これに対して刑罰を科すよりは、むしろ保護処分によってその教化をはかる方が適切」だと考えられたからでした。つまり、犯罪予防の観点からは、保護処分こそがふさわしいと考えられてきた、歴史の積み上げがあるのです。

同様に、責任非難の観点からも、年齢引き上げには問題がある。現代社会において十分な精神的成熟を遂げるには、長い時間が必要だからです。

以上が、「少年法適用年齢の引き下げに反対する刑事法研究者の声明」に記された内容の一部です。なお、私の聴きうる範囲では、いまのところ法務省は、このような方向の「改正」に、あまり積極的ではないようです。当然でしょう。

私は、二〇歳を少し越えた年齢の若者で、犯罪に手を染めた人、あるいは染めざるをえなかった人に、診察や精神鑑定を通じて出会ってきました。彼らの多くは、二〇歳以前の問題（主に環境からの悪影響によって形成されてきた問題）を引きずっています。これらの若者に対しても、二〇歳未満の人たちと同様に少年法が適用されれば、かなり更生が容易になると、私はつねづね感じてきました。

私見では、少年法の適用年齢は、二二歳でも二四歳でもいいですから、**引き下げではなく、現行よりも引き上げられるべき**なのです。「引き下げに反対」から一歩すすんで、「引き上げを求める声明」が発表されたとき、はじめて本格的な論争が可能になるにちがいありません。

第二部

精神鑑定から司法福祉へ

第一章

「双子の星」と少年法の理念

子どもの精神医学

ご紹介にあずかりました高岡です。私自身は、仕事の中での時間の配分から言えば、診療に携わっている時間が一番多いのです。その合間を縫うような形で、教育とか研究などの仕事と並んで、精神鑑定の仕事もお引き受けしているというのが現状です。

なかには、精神鑑定のみを行っている医師というのもいるわけですけれども、私たちは彼らをちょっと侮蔑的な、ばかにしたような意味合いで、職業鑑定医と呼んでいます。というのも、精神鑑定は、精神医学の専門的な知識や経験を、法律関係の方々に役立てていただくという趣旨で行われるものだからです。ふだんから診療をしていて、そして診療の中から導き出された経験こそが重要なのです。だから、鑑定だけをしている医師は、あまり信用ならないぜっていう気持ちが、どこかにあるわけです。

診療といっても、年齢的に言えば、本当に生まれて間もない赤ん坊からお年寄りまで、さまざまな年代の方が、いわゆる患者さんとして私たちの前にあらわれるわけです。私自身は、最近はあまり、お年寄りの方の診療に携わっていないのですが、それ以外は大人も含めて、さまざまな方々の診療を行っています。なかでも、児童青年精神医学と呼ばれている領域、つまり子どもや青年の精神医療に、重点を置いています。

子どもの精神医学をやっていて一番良かったと思えるのは、楽観的な見方が身につくということです。同じ青年の診療に携わっている人でも、大人から出発して、青年の診療をしている人は、どうしても悲観的になる。手かえ品かえ治療したり導いたりしないと、よくならないぞっていう悲観的な考えがバックボーンにあるわけですけれども、子どもの診療から出発して青年の診療をやっている医師は、どこかで楽観的な考え方を持っています。周りの大人たちが悪いことさえしなければ、病気だろうが何だろうが、自然に回復していくぜっていう、そういう楽観主義が身につくのです。

このあたりが、児童青年精神医学をやっていて一番良かった点です。そういう意味では、今日、いくつかお話し申し上げる内容も、周りの大人が子どもに対して悪いことさえしなければ、結構うまくいくんだぜっていう、そういう楽観主義を背景にしているんだと理解していただければ、大変ありがたいと思います。

「双子の星」（1）

さて、最初のテーマは、精神鑑定と少年法との関係です。当然、精神鑑定には、大人を対象にした精神鑑定もありますけども、子どもを対象とした精神鑑定も行われているわけです。今日は、主に子どもを対象とした精神鑑定ということがテーマになりますが、そこで密接に結びついてくるのは、少年法の理念といいますか、思想です。どういうものが少年法を支えている考え方なのかというところが、一番大事な点ですので、そこから話を始めてみたいと思います。

「双子の星」という、宮沢賢治の童話があります。いろんなバージョンがありますが、読まれた方も読まれていない方もいらっしゃると思いますので、少しストーリーを説明させてください。双子っていうのは、チュンセという名前の子どもと、ボウセという名前の子どもで、この二人が物語の主人公になります。どちらも星なんです。

双子の星は、あるときに、大ガラスとサソリが争っている場面に出くわします。最初はサソリが大ガラスに対して「アホウドリ」とか何とか言って、からかうわけです。それに対して大ガラスが怒って、サソリの赤い目玉を突き刺してしまう。その結果、本当の喧嘩になって、どちらも死にかけるような大けがを負う。

そこに遭遇した双子の星は、どちらも助けるわけです。大ガラスを介抱し、サソリの毒がカラスに刺さっていますから、毒を口で吸い出してやる。こうして大ガラスを助けるわけです。サソリの方も、大ガラスのくちばしで大けがをしていますから、何とか二人で抱えて家へ連れて帰ろうとします。しかし、子どもですから、大きなサソリを抱えて帰る途中で、力尽きようとするわけですけれども、そこに王様の使いである稲妻があらわれます。稲妻は、死にかかっているサソリに薬を与えるとともに、双子の星を王様のもとへ連れて帰るというところから、この物語は始まるのです。

その続きですけども、そうやって無事に王様のもとに双子の星は帰ったわけですが、その後、乱暴者の彗星が登場して、その彗星からだまされてしまいます。どういうふうにだまされたかというと、「旅に出よう」というふうに誘われたのです。

双子の星は、旅に出るためには王様の許可が必要だということを知っていますから、「彗星さん、王様の許可は得てあるんですね」と尋ねるのですけども、彗星はうそを言って、ほんとうは許可を得ていないのに「当然、得てあります」と答えました。だったら大丈夫だろうということで、彗星と一緒に、双子の星は旅に出ます。

ところが、旅の途中で、彗星は双子の星に息を吹きかけて、下界といいますか、下界とは海なんですけども、空から海へ真っ逆さまに突き落としてしまう。そのために、星は海の中に落ちてしまって、海底でヒトデになってしまいます。星とヒトデは形が似ているから、そういうふうにストーリーを作ってあるんでしょうけども、星がヒトデにされてしまった。こういうふうに物語は続いていきます。

ヒトデにされてしまった海の中では、同じように星からヒトデにされてしまった人たちが、大勢いました。人というふうに言っていいのか、ヒトデにされた星と呼ぶべきかわかりませんが、とにかくいっぱい暮らしていたのです。

そこでは、新参者のヒトデに対して、クジラが話しかけてきます。「あなたは、どんな悪いことをしたんだ。追放されたときの、紙の書き付けは持っているのか。」というふうにいろいろ尋ねてきます。あるいは、他のヒトデたちは、「着物をくれ」とか「税金を払え」とか言って、たかってきたりするわけです。

「双子の星」(2)

そこにウミヘビがあらわれて、「この子たちは、悪いことをしてヒトデにされたのではないんだ。その証拠に、追放の書き付けを持っていないじゃないか。だから、自分が責任を持って、竜巻に命じて、海から天上に戻してあげよう。」と言います。それで、双子の星は、竜巻によってまた空へ舞い上がっていきます。

舞い上がっていく途中で、双子の星を運んでいる竜巻が、「あいつは」——あいつっていうのはだました彗星のことですけども――「ナマコになりますよ」と言うわけです。つまり、長い彗星は、ばらばらに切り刻まれて、それぞれの破片がナマコになって、罰として海の底に沈んでいくはずですよと、説明したのです。そういうふうに説明しながら、竜巻は双子の星を、空へ送り届けたのです。

無事、空にたどり着いた双子は、王様に対して、次のように言いました。すなわち、海の底にヒトデがたくさんいるわけですけども、「そのヒトデたちは、お慈悲を王様に対して願っています。ですから、ヒトデにされたいろんな星たち、たくさんの星たちを、何とか、お慈悲で助けてやってください。」と頼むのです。そればかりではなくて、自分たちをだました彗星はナマコにされてしまっているはずだけども、だました彗星も出来れば許してやってくださいと頼む。こういうストーリーなんです。

悪いことをしてないのに、だまされてヒトデにされちゃった星たちが、助かったんだという、それだけで終わってしまうところを、他の悪いことをしてヒトデにされている星たちも助けてあげてくださいと言っている。それから、自分をだましてナマコにされてしまった彗星も助けてあげてくださいと言っている。こういう最後のストーリーが加わることによって、「双子の星」という作品は、単なる勧善懲悪の物語ではなく、非常に優れた思想といいますか、倫理の物語になっていると思われるのです。

少年法の理念は、私の勝手な考えから言えば、すべてここに描かれているだろうと思います。

双子の星のように、何か悪いことをしようと思って行動したのではなくて、結果的に掟を破ってしまった人はもちろん、それだけじゃなくて、その他の理由からヒトデにされてしまっているような人、あるいは加害者になってしまったような人たちをすべて、王様の力で、もう一度空の世界に戻していく。これこそが少年法の理念だと、私は思うわけです。

板橋事件（1）

このことを、具体的な、私自身が精神鑑定を担当したケースに引き寄せて、説明してみたいと思います。

もう大分前の事件になりますので、あまり記憶の中に残っていないかもしれませんが、当時は大変大きく報道された事件で、通常「板橋事件」と呼ばれている事件があります。東京都の板橋区で、お父さんを鉄アレイと包丁で殺してしまった、一五歳の少年の事件です。

父親殺しの後、その部屋にお母さんがあらわれて、そのあらわれたお母さんを、今度は包丁でたくさん突き刺して、また殺してしまった。ご両親を殺害した後、電熱器にスプレー缶を乗せて、そしてタイマーをセットして、その家を燃やしてしまう。少年自身はその後、草津温泉へ向かい、そこで逮捕されたという、そういう事件です。

草津温泉というあたりで、思い出していただけた方もいらっしゃるかと思うんですけども、この事件を私が鑑定したのは、いわゆる裁判員裁判が始まる直前の時期なんです。ですから、誰もが、間もなく開始される裁判員裁判を意識する中で、この事件に携わっていったというのが、背景にあるわけです。

父親殺害の理由が、どういうところにあったのかというあたりから、説明していきたいと思います。お父さんは、お母さんと、この一五歳の少年との三人で、ある会社が借り上げている社員寮の管理人室に暮らしていて、そこで暮らしながら社員寮の仕事をしていました。具体的には、寮の掃除だとか、あるいは寮に住んでいる会社員への食事の提供とか、そういうことを、このご夫婦がなさっていたわけです。

ところが、父親は、寮の掃除を一五歳の少年にほとんどやらせていました。何十人も住んでいる寮ですから、掃除をする面積も広いわけですけども、自分はやらずに、一五歳の少年にほとんどやらせていたのです。では、自分は何をしていたかっていうと、趣味として十手を集めるとか、あるいは、バイクに革ジャンをそろえて何人かの仲間でツーリングをするとか、こういう趣味の世界に時間を使っていて、仕事自体は子どもにやらせていたわけです。

子どもは一五歳ですから、ずっと掃除をしているなんて嫌になってきます。だから、やりたくない。でも、何で俺が掃除しなくちゃいけないんだっていうふうに、少しでも反抗のそぶりを見せますと、父親は集めていた十手で、少年が大事にしていたゲーム機を叩き壊したのです。あるいは、少年の自室に南京錠で鍵をかけて、入れないようにしちゃうとか、そういうやり方で、「これが嫌だったら、ちゃんと掃除しろ」っていうふうな強制を、父親はしていました。

一方、しぶしぶ少年が掃除をして「俺、掃除したよ」って言うと、父親は「何でこんなところを掃除するんだ」って怒鳴るわけです。これを、私たちの業界用語では、二重拘束っていうふうに呼びます。

二重拘束とはどういうことかと申しますと、有名な例で言えば、ずっと以前に、東京の足立区でコンクリート詰め殺人事件という事件がありました。コンクリート詰めで殺される前に、女子高校生は、ずっと監禁されていたわけです。監禁していた少年たちは、その監禁されている女子高生の前に人形を置いて、「この人形は何ていう名前だ?」って尋ねます。その人形はヒロシっていう名前らしいんですけど、「ヒロシ」だと、その監禁されている少女が答える。そうすると、「先輩を呼び捨てにするとは何事だ」っていうふうに、監禁している側は言いながら、女子高生を殴るわけです。

つまり、この女子高生には、ヒロシという名前の先輩がいたらしいんです。だから、仕方なく「ヒロシさん」っていうふうに、さんづけをすると、「人形に向かって、さんづけをするとは、どういうことだ」って、また殴られる。どっちに答えても殴られるわけです。こういうのを二重拘束といいます。

板橋事件の場合で言えば、掃除をしても「何でこんなところを掃除したんだ」と怒られる。掃除をしないと「何でしないんだ」と怒られる。どっちに転んでも怒られる。こういう状況に追い詰められていたわけです。

その結果、少年はどんな心理状態に陥ったかというと、少年自身の言葉で言えば、「ロボット」とか「無機質」っていうふうな状態です。ただ淡々と毎日を機械的にこなしていくだけで、感情が全然伴わない。喜びの感情はもちろん伴いませんけど、怒りの感情も伴わないような、ロボットとか無機質というしかないような状態に、追い込まれています。

これを、私どもの業界用語では、狭窄と呼びます。要するに、喜怒哀楽の感情を人間から切り離してしまって、全く感情が伴わない状態で毎日毎日をやり過ごしていく。これはいじめの被害者とか、虐待の被害者に、多く認められる状態です。

板橋事件は虐待のケースですが、そういう場合に、生き延びていく上での必要悪といいますか、ずっと怒りの感情とか悲しみの感情を抱えたままだったら、もう身がもたない。そうすると、自殺か何かに追い込まれていく。とりあえず、自殺によって命を失わないためには、喜怒哀楽の感情を切り離してしまわざるを得ない。非常に不幸な感情の切り離し方ですけども、人間が本来持っている、こういうメカニズムによって、少年は狭窄という状態に陥っていたと考えられるわけです。

板橋事件（2）

ところが、ある日、父親が突然、この一五歳の少年の部屋にあらわれて「おまえ、勉強しているのか」って、強い口調で尋ねました。これは、どうもお父さんの本心から出た言葉だったみたいです。このお父さんは、頭のいい人だったようなんですけども、工業高校を中退しているんです。何でもトップにならないと、すぐやめちゃう人のようで、そういう理由からやめたっていうことみたいなんです。

だけど、息子である一五歳の少年に対しては、何とか大学に行かせたかったようなんです。ですから、「おまえ、勉強しているのか」と尋ねた。そうしたら、この少年は「しているよ」と答えながら、近くにあった教科書かノートを見せて、「ほら」っていうふうに言ったらしいんです。すると、父親は、「そんなものが勉強になるか、工業生のくせに」って怒鳴りました。

ここで少年は、ついに「あんただって工業生だったんだろう、しかも中退じゃないか」というふうに、勇気を振り絞って反論するわけです。そうすると、お父さんが何と答えたかといいますと、「俺は自分の仕事をちゃんとやっている。稼いでいるじゃないか。おまえは全然稼いでいないじゃないか。」でした。

しかし、現実は、仕事をやっていたのはこの少年なんです。先ほども説明したように、お父さんは、少年に仕事をさせて、自分の趣味をやっているだけでした。

このようなやりとりのときに、父親は、これまでそんなことはあまりやってなかったみたいなんですけども、少年の髪の毛をつかんで、すごい形相で前後左右に揺さぶったのです。よっぽど、「中退じゃないか」って言われたことで、カチンときたんだと思うんですけども、少年の頭を前後左右に揺さぶりながら、「俺は自分の仕事をやっている、おまえは稼いでいない」っていうふうに怒鳴った。ここで、それまで喜怒哀楽を切り離していた少年の狭窄が、解けちゃったわけです。

解けて、喜怒哀楽が戻ってきたんです。このことによって、少年はその日の晩に、父親を殺そうと決意し、鉄アレイと包丁を自分の枕元に隠して、寝静まった夜に実際に父親を殺害したのです。父親殺害には、こういう背景があるわけです。

一方、母親の方は、計画的に殺したわけではありません。どこかで母親も殺そうという気持ちはあったみたいですけども、具体的な方法までは決めていませんでした。

母親は教育熱心で、小さいころは少年にピアノを習わせたり、イギリスに留学させたりということをしていました。しかし、少年本人はピアノが上手にならないし、英語も出来ないしで、辛かったみたいなんです。でも、そういう教育熱心な母親でしたから、これは少年の言葉ですけども、「お母さんと一緒に頑張るぞ」というふうな、母親と自分を一体化して前進していくんだというような気持ちで、少年は毎日を過ごしていました。

ところが、あまり成績が上がってこない。こういうときに、お母さんがため息をつきながら、「どうして、こんな子になってしまったんだろうね。小さいころは賢かったのに。」とつぶやくのを、少年は聞いたのです。そこで、一体化願望つまり「お母さんと一緒に頑張るぞ」というような気持ちが、薄らいでいきました。

そうこうするうちに、さっき言いましたように、父親によって部屋に鍵をかけられて、自分の部屋に入れなくなったのですが、そういう少年を見ながらも、母親は助けてくれませんでした。それどころか、「あの子、掃除をサボっていたよ」とか言って、母親が父親に告げ口をする。そういう状態になった結果、一体化願望の方はどんどん少なくなって、代わりに絶望が少しずつ芽生えてきたわけです。

その後、お母さんはおそらく、うつ状態になったんだと思うんです。というのは、父親は遊ぶのに金を使って、家庭に金をあまり入れてくれないもんだから、お母さんは、寮の賄いの仕事だけでは収入が追いつかずに、議員会館の食堂か何かに勤め始めたのです。二四時間働き詰めみたいな生活になって、母親は「死にたい」と言うようになりました。それに対して少年は、「元気出しなよ」となぐさめるんですけども、そのたびに「うるさい」としか言葉が返ってこない。

こういう中で、一体化願望がさらに減っていって、絶望の方がいっそう大きくなっていった。こういう形で、お母さんに対する絶望が大きくなった時点で、明確に殺そうとまでは思ってなかったんだけども、お父さんを殺して、呆然としてベッドに腰かけているところに、お母さんがやってきたのです。そのため、思わず包丁でめった刺しにしちゃった。

たくさん刺しているっていうのは、それだけびっくりしたからなんです。また、母親殺害時の少年の記憶が部分的に飛んでいるのですが、それは、突然の出来事だったからです。母親殺しについては、こういう事情があったわけですね。

板橋事件（3）

ですから、板橋事件は当然、不適切な養育ないし虐待を背景にして、これまで説明してきたような事情のもとに、起こった事件です。過去に非行歴は一切ないし、非常にちゃんとした受け答えのできる少年だったにもかかわらず、彼は逆送されて、一審では懲役一四年という判決が下されました。

父親がさまざまな虐待をやっていたのは、しつけの範囲内だという、とんでもない理由で判決が下されたわけです。子どもが親の仕事を手伝うのは当たり前だとか、その他にも厳しい育て方をしていたのは全部しつけの範囲内だというような、言い方をしていたわけです。

これはもう、さすがにむちゃくちゃということで、二審では、二年少なくなって懲役一二年ということになりました。加えて、父親が行っていたことは、しつけではなくて不適切養育であるということが、認められたわけです。

今までに説明したエピソード以外にも、例えば小さいころに段ボール箱に――この少年は犬が嫌いなんですけども――犬と一緒に放り込んで、びっくりして段ボール箱を倒しながら少年が逃げ、それを犬が追いかけていく姿を、笑いながら父親が見ていたとか、『完全自殺マニュアル』という本を父親が少年に渡して、「これを読んで勉強しろ」とかいうふうにやっていたといった事実が知られています。そういういろんなエピソードがあったわけですけども、そういうことを全て含めて、やっぱり不適切養育であると結論づけられました。

にもかかわらず、何で一二年もの懲役という判決になったのか。それを考えるためには、いくつかの状況を、前提として説明しておかねばなりません。当然、法律関係の方はよくご存じですけども、必ずしも法律関係じゃない方のために、それを簡単に説明しておくことにします。

少年法の改悪以降、家庭裁判所で結論を出すかわりに、検察官を通じて地方裁判所に送られて、大人と同じように裁判を受けることが、特に重大事件の場合は拡大しているわけです。

しかし、いったん大人と同じ裁判所に送られても、「裁判所は、事実審理の結果、少年の被告人を保護処分に付するのが相当であると認めるときは、決定をもって、事件を家庭裁判所に移送しなければならない」という決まりがあります。通称五五条移送と呼ばれていることですけども、少年法五五条によれば、いったん大人の裁判所に送られても、やっぱり家庭裁判所で結論を出した方がよろしいという場合には、もう一度家庭裁判所に戻すことができるという規定があるわけです。

このとき、家庭裁判所で結論を出した方がよろしいと言うために、何が必要かというと、有効性と許容性というふうに言われている事柄が必要なんだと考えられているようです。

予定される刑罰よりも、保護処分の方が改善更生に有効であるかどうか。つまり、刑務所に入れちゃうより、少年院だとかそういう形で、少年法に基づいて処遇した方が有効であるかどうかということが、一つのポイントです。

もう一つは、少年院などの保護処分を選択することが、被害者感情・社会の不安・正義観念に照らして許容されるかどうかです。だから、被害者とか、あるいは地域社会の人が「少年院などの保護処分で結構です。それが適切だと思います。」っていうふうに、一種の世論がそういうふうに言うか、それとも「いや厳罰だ。長いこと刑務所に入れておけ。」というふうに言うか。そういうことが、やっぱり考慮されなくちゃいけないという立場もあります。

前者が有効性、後者が許容性っていうふうに、言われているようです。法律に携わっている方には釈迦に説法で申しわけありませんけども、この板橋事件の場合、少なくとも二審に限って言えば、有効性については、裁判所は明確にそれを認めているのです。保護処分の方がよろしいっていうふうに、判決にきちんと書いてあるんです。ところが、許容性の方がだめなんだ。悪質な事件だから、世の中が許さんと。だから、これは刑務所に入れる必要がある事件だという内容になっています。

板橋事件判決の意味するもの

ところが、世の中が許さんっていうふうに言いましても、この事件については、近所の人たちがわざわざ、「いい子なんだから、何とか厳罰とは反対の結論にしてほしい」っていう内容の署名を、たくさん集めているんです。

それから、被害者感情と言いますけども、ご両親が亡くなっているから、被害者遺族としては少年のご両親のきょうだいたち、つまり少年にとっては叔父とか叔母がいるだけなんです。その叔父とか叔母はどう言っているかといいますと、「事件は大変なことだけども、社会に出たら、叔父や叔母である自分たちが責任を持って、この子を引き取って育てたい」というふうに、おっしゃっているわけです。

そうすると、許さないなんて言っている人は、誰もいないわけですよ。血のつながった人も引き取ると言っているし、近所の人も何とか罰を軽くしてやってくれというふうに署名をしているのですから。

だとしたら、世間一般の人というのは、いったいどこにいるんだっていう話ですね。世間一般っていう、どこにもいないような人を基準にして、許さん、許さんって言っているのです。板橋事件の後、予定どおり裁判員制度が導入されるわけですけども、裁判員裁判になると、あとから触れることになる石巻事件のように、それがますますひどくなっていきます。

ですから、宮沢賢治の「双子の星」とは、だいぶ違った方向に進んでいると、考えざるをえません。つまり、少年法の思想といいますか、理念というものが、こういう世間一般が許さんぞっていうふうな考え方が導入されることによって、変質しているんじゃないでしょうか。そこのところを、もう一度きちんと、法律に携わっている人はもちろんですけども、一般の人々が裁判員としてかかわっていくような場合にも、考えないといけないと思います。

少年法の思想や考え方っていうのを、もう一度国民が理解できるような方向に持っていかないと、どんどんおかしな流れになっていく。それを予告した事件が、板橋事件だったと思います。懲役一四年が一二年になったということ自体の評価はいろいろでしょうし、そこの評価は鑑定医である私などの領分を超えていますから、何とも言いようがないんですけども、今申し上げたような問題点や疑問点が残った事件だろうというふうに思っています。

虐待の連鎖について

ここで、裁判からは少し外れますが、虐待の連鎖と言われるものについて、付け加えておきたいと思います。

まず、誤解のないように申し上げておきたいんですけども、虐待を受けて育った人が親になってわが子を育てる場合に、全員が虐待をしてしまうかっていったら、もちろん、そんなことはありません。虐待なしでうまく育ててらっしゃる方も、いっぱいいる。このことを、最初に断っておかなくちゃいけないと思います。

ただ、一方で、虐待を受けて育ってきたが故に、わが子を虐待してしまうケースも実際にあります。そのときに、一番よく言われている理由は、虐待以外の育て方を学んでないからっていうことです。虐待が唯一の育てられ方であるし、育て方であるという、そういう学習をしてしまっているから、それ以外の育て方が全く思い浮かばない。そういう理由だというふうに言われています。

多くの場合、虐待をしている親というのは、いいかげんな育て方をしていると思われがちですけども、それは正反対ですね。きちんと育てなくちゃいけないって、思い過ぎるくらい思っている人の方が多い。だから、もう少し手を抜いても大丈夫という姿勢を身につけられるかどうかが、非常に大きいわけですよ。

育児放棄っていうのは、必ずしも最初から放棄しているわけじゃないんですね。きちんとやらなくちゃいけないと思い込んでいて、それをややゆるめるということができず、ゆるめてしまうと今度はゼロになっちゃう。そういうケースがほとんどなので、最初からゼロというわけじゃありません。だから、何か助言することがあるとしたら、ゼロになる前の一〇〇の時期です。そこのところをちゃんと見出して、そこで頑張り過ぎずに、ゆるめて六〇くらいにすればいいのです。

もう一つだけ、付け加えることがあるとすれば、ずっと虐待を受けて育ってきた人は、本当の意味で人に頼ることが出来なくなっているという点です。常に警戒して生きていくしかなかったために、安心して身を任せるというような経験がありません。その結果、にせものというか、架空のものに頼らざるを得なくなってきます。

たとえば、物質に頼る人がいます。薬物とかアルコールに頼る人がいます。それから、プロセスに頼る人がいますね。スピード依存とか、買い物依存です。もう一つのタイプとしては、かりそめでもいいから、優しく振る舞ってくれる人に頼るという場合が出てきます。

この三番目のタイプになると、育児放棄になりやすいわけです。新しい恋人とデートするために二日も三日もほっといたなんて、何てひどい親だというふうに思われる事件には、そういう場合が結構含まれていると思うんです。かりそめではない、本当に頼れる人間がいなかったということですね。今、申し上げたような理由によって、虐待の連鎖が起こっているんだろうと思います。

第二章

「貝の火」とパターナリズム

「貝の火」

次に、今日のテーマの一つでもある、情状鑑定について説明いたします。そして同時に、情状鑑定と密接なつながりのある、司法福祉についての話もしてみたいと思います。

これも宮沢賢治の作品で、「貝の火」という童話があります。どういうストーリーかと申しますと、ウサギの子どもであるホモイというのが主人公です。ホモイは川でヒバリの子を助けて、その結果、鳥たちの王様から、光る玉を贈られました。この光る玉のことを、貝の火と呼んでいるのです。

光る玉を持っているということは大将を意味するというふうに、ホモイは誤解しちゃって、大将だから偉いんだと考え、自分の部下を次々と任命していくわけです。「リスは、おまえ、少将になれ」「馬は大佐にしてやる」っていう形で、勘違いして次々と部下をつくっていくのです。

このときに、悪いキツネが登場してホモイをたきつけ、モグラをいじめて、カケスとかウグイスとかベニスズメを閉じ込めようとします。要するに動物園をつくるんだっていうふうに、ホモイをそそのかしたのです。そそのかされた結果、カケスとかウグイスとかを閉じ込めて動物園をつくるという悪いことを、ホモイがしたものだから、玉が砕けて、砕けた破片がホモイの目に入り、ホモイの目は濁って見えなくなってしまいました。そういうストーリーです。

ここまでだったら、勧善懲悪の物語に過ぎないんですけども、やっぱりこれも最後のシーンに、なるほどなっていう考えどころが加わっています。どういう最後かといいますと、お父さんウサギが、自分の子どもであるホモイに対して、「泣くな。こんなことはどこにもあるのだ。それをよくわかったお前は、一番さいわいなのだ。目はきっと又よくなる。お父さんがよくしてやるから。な。泣くな。」っていうふうに語りかけたのです。

この最後のシーンが加わることによって、単なる勧善懲悪の物語ではない作品に、仕上がっていると考えられるのです。つまり、何かの拍子に悪いことをしてしまっても、もう一回やり直す道が必ずあるんだということが、書かれているわけです。そのやり直しを保障する人が、この作品では父親になっています。母親でもいいんですけど、いずれにせよ親ですね。

先に紹介した「双子の星」だと、親のかわりに王様が出てきます。こういうのは――これも法律に携わっている方には常識になるんでしょうけども――パターナリズムと言われている思想ですね。パターナリズムの語源はペアレントですから、親が子どもを守る。そして、いったん道からそれたように見えても、また親が守ることによって、もう一度本来の道に戻していくことができる。それがパターナリズムです。

親が何らかの事情でいないとか、機能が果たせないような場合には、それに代わる国家が、更生の道を保障していく。これが、パレンス・パトリエと言われているものです。パレンス・パトリエというのは、国が親代わりになるということで、国親思想とも呼ばれています。こういったパターナリズムやパレンス・パトリエの考え方が、宮沢賢治の先ほどの作品にも、この作品にも表現されているということになると思うんです。

やはり、少年事件に関しては、どこかで親あるいは親に代わる者が、もう一度やり直す機会を保障していくという考え方が、絶対的に必要だろうと思うんです。そういう意味でも、重要な考え方が、これらの作品には含まれているというふうに私は思います。

石巻事件（1）

ここで、石巻事件という裁判事例を紹介します。最近、二審での判決が比較的大きく報道されていましたので、記憶されている方もいらっしゃるかもしれません。私は、二審になってから、弁護団からの依頼で鑑定書を作成しました。

ただ、これは今、最高裁に上告中ですので、あまりに細かい点は説明しにくいところもありますし、プライバシーに関連して、言ってよくないことも含まれている事件です。なので、今回のところは、主に新聞で既に報道されている内容に沿いながら、差し支えのない範囲で最低限の説明を加えて、話させてもらおうと思います。

どういう事件だったか、まず新聞報道を読んでみます。二〇一〇年の出来事なのですが、「二月一〇日、元少年は、共犯の元少年の受刑者とともに、元交際相手の少女の家に押し入り、少女の姉と、少女の知人の女子生徒を牛刀で刺して殺害。姉の知人男性の右胸を刺し大けがを負わせた」。

「元」が連発されていて、ややこしいですね。順に説明しますと、加害少年は事件当時は一八歳だったんですけども、今はそれから三、四年の年月がたっていますので、元少年っていうふうに報道されているのです。また、二人で起こした事件なんですけども、共犯の方はもう既に判決が下っています。

それから、元交際相手って言いますけども、何年も前に交際していたっていうんじゃなくて、彼女とは事件直前まで一緒に暮らしていたのです。しかし、いざこざがあって、実家に彼女が戻った。戻った彼女を取り返そうとして、少年は共犯の少年を誘い、彼女の実家に押し入ったのです。

押し入ったときに誰がいたかというと、彼女以外に、彼女のお姉さんがいた。それから、知人の女子生徒がいた。そのお姉さんと知人生徒の二人を、牛刀で刺して殺害したのです。ちなみに、牛刀って何だっていうと、単なる包丁ですけどね。さらにもう一人、お姉さんの知人の男性もいたわけですけども、この男性の右胸も刺して、大けがをさせた。しかし、命が失われたわけではありません。つまり、二人が亡くなって、一人が大けがをしたという事件です。

仙台高等裁判所はどういう判決を下したか、河北新報という仙台の地元紙から引用しますと、「少年事件の裁判員裁判で全国初の死刑となった一審仙台地裁判決を支持、被告の控訴棄却を言い渡した」。つまり、一審でも死刑だったんですけども、二審でも死刑という判決が下されたということです。

石巻事件（2）

もう少し説明してみます。これも河北新報からとってありますけども、弁護側がどのように主張したかと言いますと、「共犯の男から殺害の計画を否定する証言を得て、精神鑑定に基づき『意識障害を起こすほどの衝撃的な犯行だった』と主張した」。

これだけではわからないと思いますので、やや詳しく説明いたしますと、この少年は、彼女の実家に乗り込んで、彼女のお姉さんたちと話をしたあたりは、ずっと覚えているんです。話をするときに、お姉さんから、携帯を取り上げています。警察に通報されたりなんかしたら困るというような理由なんでしょうけども、取り上げて、彼女と会わせてくれと要求しているんです。

そういうやりとりがあった後に、お姉さんは、「バイトのシフトを確認しなくちゃいけないから、私が渡した携帯を戻してくれ」というふうに言ったわけです。それで、少年は携帯電話を戻しているんですよ。どうも、このお姉さんっていうのは、少年の彼女の母親代わりみたいなところがあって、少年は頭が上がらないんですね。これまでも、ずっとそうでした。だから、お姉さんから「返せよ」って言われると、素直に「わかった」って返しちゃっているんです。

ところが、お姉さんはバイトのシフトを見ずに、どうも警察に電話したらしくて、携帯から男性の声で「もしもし」と聞こえてくる。「あ、これはだましたな、警察に連絡したな」って思ったあたりから、少年の記憶が途切れているんです。

じゃあ、どこから記憶が戻っているかっていうと、まず、お姉さんを刺したところは記憶が欠損している。それから、その次に友人の女子生徒を刺したところも、記憶が欠損している。その後、友人男性を刺して、刺された友人男性が「落ちつけ」っていうふうにその前後に言っているわけですけども、「落ちつけ」って言われたところから、記憶が戻っているんです。

つまり、途中で記憶が欠損しているという点が重要なんです。加害少年は、逮捕された後、「記憶が欠損している」と警察の取り調べのときに言ったんだけども、はなから聞いてもらえなかった。「そんなばかなことがあるか。ごまかすんじゃない。ホトケの気持ちになれ。」っていうことを、ドンドンと机をたたきながら言われたんですね。そのため、警察のストーリーに合わせる形で、供述せざるをえなくなった。

自分がいったん供述してしまった以上、その後の検察官の取り調べでも、同じことを言わざるを得ないと思った。こうして、警察で言わされた「記憶は残っています。自分は殺そうと思って殺しました。」ということを、そのとおり検察でも繰り返して話したというわけです。

その後、逆送されて地方裁判所で裁判になります。このときも、やっぱり今まで言わされてきたとおりのことを言っています。でも、一審の裁判記録を読むと興味深くて、自分が覚えているところは「何々しました」っていうふうに言っていますが、覚えていないところは「何々したと思います」っていうふうに言っているんです。そこが、知らず知らずのうちに、見事に使い分けられているんです。

少年は全然、意識して使い分けたりなんかしていませんよ。していないんだけども、裁判の記録を見ると、覚えてないところは「しました」ではなく「したと思います」と語っていて、やっぱりそこは本当に覚えていないんだなというふうにわかるんです。

石巻事件（3）

それと同時に、少年は、幾つかの暴力事件を、それまでにも起こしていることは起こしているんです。彼女を殴ったりしているときもあるし、そんなに大した数ではありませんけども、彼女の浮気相手を殴ったりしているところはあるんですね。そういう幾つかの小さな事件はあるんですけども、それを細かく聞いていきますと、そういう暴力を伴う事件には二種類があることがわかるのです。

まず、第一の系列として、最初に汗がたらたらと出て、顔が赤くなって、心臓がどきどきして、そこから暴力を起こし、暴力が終わった後、記憶が残っていないというものがあります。そういう系列に属する暴力事件が、幾つかあるんですよ。

それから、第二の系列としては、今からやるぞ、これから殴ってやるぞというふうに計画的に思っていて、顔が赤くもならないし、汗も出ないし、予定どおり殴って、記憶が全く失われていないという事件も起こしているんです。こういう二通りの系列があるのです。

石巻事件はどうだったかというと、警察らしき声で「もしもし」と言うのを聞いた後に、顔が赤くなって、汗がたらたらと出て、心臓がどきどきして、そこから記憶が飛んじゃっている事件なんですよ。

繰り返すなら、これまでにも二通りの系列があるわけですから、今回の事件は、二通りのうちどっちなのかを、見きわめるのが大事なんです。そうすると、自律神経症状と言いますけども、汗が出て、顔が赤くなっているっていう、第一の系列に属する事件だということがわかるから、記憶が飛んでいるというのも、やっぱり嘘ではない。そういうことが、私のように多少とも臨床経験を積んだ医師から見れば、明らかなわけですね。

じゃあ、何で、そんな汗が出て、その後、記憶が飛ぶなんていうことが起きるのかといいますと、これは医学的な説明になるんですけども、虐待を受けて育っているからです。ずっと虐待を受けて育っていますと、世の中のこと全てに対して、常に警戒しながら生きていかざるを得ないんです。ぴりぴりして、俺はやられるんじゃないか、自分は陥れられるんじゃないかというふうに、常に警戒しながら、ずっと人生を歩んでいかざるを得ないのです。

つまり、警戒信号が高まっているわけです。ですから、ちょっとしたことで、警戒信号がより高まってくる。すると、汗が出たり、心臓がどきどきしたりっていうことが起こるわけですよ。

また、警戒信号が高まった状態を常に保っているから、不意打ちの出来事があったら、自動的に体が反射して、記憶欠損を伴う暴力になる。他方、不意打ちじゃない場合は、やるぞと思ってやる暴力ですから、自律神経症状も記憶欠損もない。石巻事件はどうかというと、お姉さんに逆らえずに携帯を戻したら、予期に反して警察につながっちゃってたということで、これはやっぱり不意打ちの方の系列なんですよね。こういうことを鑑定書に書きました。

裁判員裁判

私が鑑定書を提出した後、共犯少年が、何の得にもならないにもかかわらず自発的に、自分のかつての付添人弁護士に手紙を出しました。その内容は、「取調べのときに自分は、主犯少年は殺意を持って刺したっていうふうに言ったけども、ほんとうは殺意はとっくの昔に消えちゃっていて、単に脅すつもりで事件現場へ行ったんだ」ということです。

そのことを、共犯少年は自分の裁判のときに言おうと思って、検察官に「今日は本当のこと言っていいっすかね」というふうに尋ねた。そうしたら、検察官から「だめだ、今までの打ち合わせどおりにしゃべらなくちゃだめだ」と言われたので、仕方なく、打ち合わせどおりのことをしゃべった。でも、やっぱり自分は本当のことを言いたいっていうんで、わざわざ、何の得にもならないのに、証人として主犯少年の法廷に登場したんです。

そこで、検察官から、「主犯少年が怖いから言っておこうと思ったんだろう」とか「主犯少年のことが好きだから、助けてやろうと思ったんだろう」って言われるわけです。それに対し、共犯少年は、「いや、自分は散々主犯少年から殴られたりしているんで、助けようなんていう気持ちは全然ない。また、主犯少年が怖いなんてことを、今は思っていない。軽蔑しているだけだ。」と答えています。

にもかかわらず、何でわざわざ証言しようと思ったのかというと、「主犯少年といえども、一応」って彼は言っているんですけどね。「一応人間ですから、だから本当のことを言うべきだと思った」と、説明しているんです。

殺そうということではなかった。脅すつもりで相談して、いろいろ準備をした。このように、共犯少年の述べるとおりだとすると、全部つじつまが合ってくるんです。

ところが、仙台高裁は、「共犯少年は、一審で正しいことを言っているのに、二審でうそを言った」と断定しちゃっています。また、主犯少年についてはどうかというと、記憶があるのに「ない」とうそを言って、反省がないと決めつけているんです。

そして、私の鑑定書に関しては、間違った事実、つまり、記憶が欠損しているとか、そういう間違った事実を基にして、つくってあるからだめだという言い方をしているわけですね。これは、一種の常套手段で、裁判所に都合の悪い鑑定結果がでてきたら、裁判所が認定した事実と違うという理由で、全部を否定するのです。反省して事実認定を見直そうなどという発想は、からっきしありません。

加えて、家庭裁判所の調査官が調べた少年調査票とか、そういうものも証拠採用しない。それから、取調べ中に言わされてしまった「記憶がある」という供述から、「記憶がない」っていうふうに供述が変わっていった理由について、まったく考えようとしていない。供述分析っていう言葉がありますけども、供述分析の専門家に分析してもらおうという要求が弁護側からなされても、それを裁判所は採用しなかったんです。

この事件の一審は、裁判員裁判でした。このときの裁判員のうちの一人が、判決の後、記者会見に応じて、こんなことを言っているんですよ。「命を奪った重い罪は年齢を問わず、大人と同じ形で判断すべきだと思った」と。だから死刑判決に賛成したというふうに言っているのです。

これはさすがにむちゃくちゃですね。

もちろん、裁判員というのは一般市民ですから、こういう考え方を持って裁判に臨む人もいるかもしれないけども、でも、それは違いますよということを、どこかで裁判官がレクチャーしないといけないと思うんです。しかし、裁判官が、きちんとレクチャーしていないんじゃないか。だから、少年法っていうものがありながら、大人と同じだというふうな暴論がまかり通るのです。

これが一審の考え方だったわけですけども、二審でも、結局この考え方がどこかで続いているからこそ、一審での証言が正しくて、二審で主犯や共犯の少年がしゃべっていることはうそなんだっていうふうな、そういう考え方になってくるんじゃないかと思われるわけです。

いいかえるなら、「貝の火」に書いてあるような、もう一度やり直せるんだ、そこを保障するんだという理念を一切放棄してしまって、代わりに厳罰にするのが良いんだという考え方が、一審、二審を通じて貫かれていることを意味します。

この判決に対して、いろんな人たちがどういう評価をしているかを、ここで紹介しておきたいと思います。

これは新聞記事から引用してきましたけど、ジャーナリストの堀川恵子さん――最近、永山則夫事件の精神鑑定書を手に入れて、優れた本を書かれた方です――は、「幼少時の虐待や養育放棄が記された社会記録など精神的な成熟度を測る証拠の審理も不十分だ」と批判しているんですね。他方、全国犯罪被害者の会の高橋弁護士という方は、「少年だからといって罪を軽くするのはおかしいという一審の裁判員の市民感覚を尊重している」と評価しているんです。弁護士の先生でも、こういう変なことを言っているんですね。

それから、マスコミでは、北海道新聞が社説に取り上げています。「更生を主眼とする少年法の理念が尊重されたとは到底言い難い」という、大変まともな社説だと思うんですけども、こういう評価になっています。

情状鑑定と司法福祉

じゃあ、私たち精神科医は、こういった裁判にどういう考え方で臨んでいくべきかということですけども、そのポイントが情状鑑定ということになります。

情状鑑定とは何かということについて、ある本から引用してきましたので、それを読み上げてみます。「訴因事実以外の情状を対象とし、裁判所が刑の量定、すなわち処遇方法を決定するために必要な智識の提供を目的とする鑑定」。こういう定義になります。

精神鑑定といったら責任能力の鑑定だというように思われがちなんですけども、実は日本の裁判は、責任能力の鑑定に、あまりにも偏重しすぎているのです。

私たちは、元々診療を仕事にしていますから、診療の経験を反映することが重要です。事件の背景はどういうものなのか。それから、たった一つの理由で事件が起こることは少ないですから、どういう複数の要因が絡み合っているのか。そして、この後どういうふうに処遇していったら、社会復帰ができやすくなるのか。こういったあたりまでを含めて、鑑定を行うべきであろうと思います。

これを、情状鑑定というふうに呼んでいます。情状鑑定は、臨床経験に乏しく鑑定しか行っていないような医師には、無理な話です。ちなみに、日本児童青年精神医学会は、特に少年事件の場合は情状鑑定が必要なんだということを訴えています。

関係する言葉として、司法福祉とか司法福祉学があります。これも、いろんな定義があって難しいのですけども、藤原正範先生の論文から引用してみます。

まず、司法福祉とは「非行に至る道筋を、少年の要求を明らかにし、何がそれを阻止してきたかを少年とともに事実に基づいて把握する作業と、問題を国民の前に明らかにし同時に国民の声を法廷に持ち込む役割の一端を担うことを結合する」とされています。これは山口幸男という、この分野の草分けの方の言葉です。その上に立って、「社会福祉の目標である『幸せな状態』に向かって、司法機関の果たす役割、行政・民間機関との協働のあり方を研究対象とする学」、これが司法福祉学であると、藤原先生は言っています。

こういうふうに考えてみると、精神鑑定も、司法福祉の一翼を担うことが出来るんじゃないかと考えることができます。責任能力鑑定のみだったら、こんなことは言えないですけども、背景とか今後の処遇というところまで、臨床経験とリンクさせながら述べるならば、担うことが可能ではないでしょうか。

少なくとも、そういう姿勢で私は鑑定に臨んでいるし、また、私と同じような考え方を持っている人が増えてきています。大人の裁判でも、そういう姿勢が必要なんだろうと思いますけども、少年事件に関しては、いっそうこういう内容が重要になってくると思われます。

情状鑑定の進め方

ところで、鑑定医が情状鑑定を行うとき、何を材料に判断するのかと質問されることがあります。それに対する答えとしては、歴史をたどっていくということに尽きると思います。その場合の歴史というのは、要するに人間の歴史です。

少年の場合だったら、十何年間生きてきた歴史ということなんですけども、実際はお父さんやお母さん、そしてもし把握が可能であれば、そのまたお父さんお母さん、すなわち少年にとってはお祖父さんお祖母さんのところまで、三代までさかのぼると、歴史が正確に把握できると思うんですね。

少年のお父さんお母さんは、どういう人生を歩んできた人か。お父さんやお母さんが人生を歩むに当たって、お祖父ちゃんやお祖母ちゃんは、どんなふうな考え方でかかわってきたのか。そういう三代の歴史をたどることが一番役立つと、私たちは思っています。

その際、鑑定人が少年を通じて、あるいは少年のご両親へのインタビューを通じて情報を把握するということは、もちろんしなくちゃいけません。同時に、弁護士の先生も、それらに関連した情報を、さまざまな角度から集めて提供していただくと、やっぱり厚みが出てくるし、より実像に近づいていくと思います。これまで、いろいろな社会記録その他で残っているものがあれば、それを閲覧させていただくという形でもいいでしょう。

そういった、さまざまなものが積み重なって、本人が歩んできた歴史を、三代にわたって立体的に再現することができれば、それが一番大きな情状鑑定の材料になると、私は考えています。

裁判所と情状鑑定

付け加えるなら、とくに家庭裁判所だと、裁判官が明確に「責任能力鑑定ではなく情状鑑定を依頼するんですよ」とおっしゃる場合も、私は経験しています。数としては少ないのかもしれませんけども、家庭裁判所に限って言えば、情状鑑定が軽視されているかというと、必ずしもそうではないだろうと思います。

では、地方裁判所ではどうなのか。そこが、やっぱり一番悩ましいところですけども、これも、原則逆送事件か、そうじゃない事件かによって、だいぶ違いが出てくるように私は思っています。

原則逆送じゃない事件に関しては、相当大きく報道されたような事件でも、私の親しい精神科医が鑑定したケースで、五五条移送がなされているようなこともありますのでね。だから、原則逆送じゃないのに逆送された事件の場合は、まだまだ目があって、情状鑑定が活用される余地があるんじゃないかなというふうに思うんです。

問題は、原則逆送で地裁に送られたケースです。ここでどのように情状鑑定を認めさせていくのかについては、はっきり申し上げて、弁護士の先生方に頼るしかありません。ただ、このとき、私的鑑定の場合はもちろんですけども、そうじゃない場合でも、鑑定医に対して直接連絡を取っていただくと、非常にありがたいわけです。

検察官は時々連絡を取ってきます。それに対して、私はお断りせずに、ちゃんと思うところを説明するようにしています。だけど、弁護士の先生方が、かえって遠慮されているような場合が少なくないので、そこはやっぱり積極的に連絡を取っていただければ、包み隠さずお話し申し上げるし、また、逆に弁護士の方の考えのうち、取り入れるべき内容を取り入れることができます。

それが一番いいんじゃないでしょうか。その結果、今度は裁判所に、いろんな事柄を認めさせやすくなるという効果につなげることができると思います。ばらばらだったらやりにくいことでも、そういう形で連絡を取っていただけると、一番いいような気がします。

第三章

「よだかの星」といじめ自殺

「よだかの星」

ここから、少年事件の加害者になってしまった人の話とはちょっとずれてきますけども、いじめによる被害を受けて、最悪の場合は自殺に追い込まれる場合、それから、体罰による被害を受けて、やはり最悪の場合には自殺に追い込まれる場合、こういった事柄について、今日、残った時間を利用して話をさせてもらおうと思います。

また宮沢賢治の話に戻りますけども、「よだかの星」という作品があります。どういうストーリーかといいますと、よだかというのは実にみにくい鳥で、顔はまだらでくちばしは耳まで裂けていました。よだかはタカのように見えるが、カワセミやハチスズメの兄です。

本物のタカは、よだかに対して、名前を変えろと要求します。「市蔵」っていう名前に変えろというのです。市蔵と書いた札を、首からぶら下げておけと要求するわけです。あまりにそれは無理難題だということで、何とか勘弁してくれと、よだかはタカに頼みますが、タカはだめだと冷たく言い放ちます。要するに、おまえはタカじゃないんだから、紛らわしい名前をつけるなと言うのです。

よだかは、それでは生きていくことが出来ないというくらいに、悲しみます。そのため、太陽の方向に飛んで焼け死のうとするわけですけども、太陽は遠ざかって、そこまでたどりつけないもんだから、死ぬことが出来ませんでした。代わりに、オリオン座とか大犬座とか大熊座とか、そういうところに飛んでいって焼け死のうとするんだけども、相手にされませんでした。

相手にされずに、力を失って、今度は真っ逆さまに地面に落ちていくわけですけども、地面にたたきつけられる直前に、よだかは反転して空へ舞い上がったっていうんですね。空へ舞い上がったよだかは、カシオペア座のすぐ横の星になりました。自分で光を出す星になって、今でも静かに燃えている。こういうのが「よだかの星」のストーリーです。

いじめの構造

タカは一般的な名前ですね、固有名詞じゃなくて。タカっていうのは、いっぱいいるわけです。

よだかに対して、このタカの集団がいじめをするわけです。

いじめは必ず、集団対一人のあいだで起きるのが特徴です。そして、いじめというのは、三つの条件がそろえば、学校でも会社でも宗教団体でも政治団体でも、どこでも起きます。

まず、集団が閉じられていて、出入りが自由じゃない。それが一番目の条件です。二番目の条件は、その集団の価値観が社会全般の価値観から、かけ離れているということです。三番目の条件としては、集団の勢いが上り坂のときはいじめが起きにくいんですけども、落ち目になってくると、一人を犠牲にして周りが団結するということをしがちなんですね。ですから、この三つの条件がそろったところでは、どこの集団でも、いじめは起きるのです。

三つの条件が一番そろいやすいのは、残念ながら、学校だろうと思います。閉じられていて、出入りがあまり自由じゃないですね。それから、どう言ったらいいんでしょうか、学校集団の価値観は、社会一般の価値観から、どうも離れている。私がよく出す例で言いますと、日本ではまだまだ多くの学校で、朝礼とか、運動会の練習とか、そういうときに「前へ倣え」とか「気をつけ」とかをやっています。ああいうのは、世界全般を見ると、北朝鮮やなんかはわかりませんけども、多くの国であんなことをやっているところはないと思うんです。

ああいう「気をつけ」とか「前へ倣え」っていうのは、高度成長経済のころには有効だったわけです。みんなが同じ動作で、同じスピードで、高度な製品をつくる。ベルトコンベアで製品をつくっていたころですね。そのころに限っては、一斉行動をするための「気をつけ」とか「前へ倣え」っていうのは、役に立っていたわけです。でも、今はそういう時代じゃありません。製造業といえども、ベルトコンベアなんか使っていませんからね。セル生産というか、一人でずっとつくっていくわけですから。だから、世の中の価値観とは、やっぱりずれているわけです。

　集団の勢いっていう面から言いますと、一部のオリンピック選手を養成するようなところとか、飛び級入学をするようなところとかは別にして、学校の先生が優秀である必要はないわけですね。よそでみんな練習しているし、よそで学力を身につけていますからね。例えば、勉強だと、どうしても予備校やなんかにかなわないっていうのがある。そう考えると、上り坂の学校なんてあまりないんですよ。だいたいが平坦か下り坂のところなんですね。

　そういうわけですから、一人を犠牲にして、あとが全部団結するっていう、一番まずいパターンが起こりやすくなっている場所が、学校だということです。こういうときに、大人の倫理としては、集団対一人っていう対立局面では無条件に一人を擁護するという、そういう倫理観を持ってないと、いじめに関する判断を間違うと思います。いじめであるかないかとか、単にふざけているだけだとかっていう議論がありますけども、一人対集団の局面で、必ず一人の方を擁護するんだという姿勢を持っていないと、学校の先生でも、大人たちでもやっぱり間違えちゃうと思うんです。

「よだかの星」のよだかは、自殺をしようと思ったんだけども、幸か不幸か出来なかった。もっとも、永遠に輝く星になったというのを、自殺の意味に取る人もいるかもしれません。しかし、私はそういう意味じゃないと思っています。焼け死ぬことに失敗して一人で輝いているっていうのは、結局、一対集団の対立の中で、一人がちゃんと自分の生き方を確立したということを意味すると、考えています。

集団を前にして、敗北していったら焼け死んだかもしれないし、地面に落ちて死んじゃったかもしれないけども、そこから抜け出て、一人として立ち輝いていった。これが「よだかの星」の結論じゃないかというふうに、私には思えるのです。

集団主義の陥穽

いじめの話を、もう少し続けていきます。『滝山コミューン一九七四』(講談社)という本があります。これは結構売れた本で、今は文庫になっていますから、すぐ手に入ると思います。著者の原武史さんっていう先生は、専門は何なんでしょう。政治思想史とか、何かそういう難しいことをやっている方だと思うんですけども、われわれ素人から言えば、鉄道ファンで有名な、鉄道の本をいっぱい出している方です。

その人がまだ子どもだった頃、一九七四年に滝山団地っていう団地に住んでいたそうです。当時の東京では、東京に限らず全国どこでもそうですけども、たくさんの団地が造られていました。その団地に暮らしている人たちは、若い夫婦と子どもっていう、そういうご家族がほとんどだったわけです。

年齢も家族構成も、非常によく似ている。そして、マンモス団地ですから、団地ごとに、その団地の子どもしか通っていないような学校が、次々とつくられていった。そういう時代だったのです。原さんが暮らしていた滝山団地っていう東京の団地も同じで、やっぱり若い夫婦と小学生という家族構成の人たちが、一九七四年ごろにたくさんいたのです。

その人たちが通う学校は、どんな学校だったかといいますと、当時ですから五〇人ぐらいの大きなクラスを、五人ごとの班に分けるわけですね。すると一班から一〇班まで班ができる。そして、班ごとに競争させられる。一位の班は表彰されて、最下位の班はボロ班っていうふうにさげすまれて、何でボロ班になったのか反省しろっていうふうにやられる。ボロ班っていうふうに言われた人たちは、五人で「おまえが悪いからこうなったんじゃないか」とか「おまえがもっとしっかりしろ」とかって、反省会をやるわけです。

何事につけ、勉強でもスポーツでも、遠足といった社会活動でも全部、班に分けて競争していくというやり方です。今でもそういう名残が一部にありますけども、当時は、それが一番先進的なやり方だと、言われていたわけですね。その出どころは、旧ソ連の教育です。ソ連のマカレンコっていう人が発明したやり方を、日本の大西忠治という人が輸入してきて、こういうやり方を広めていったわけです。

このときに、そういうやり方はおかしいっていうふうに思った人が、二人だけいたって書いてあります。一人は、子どもだった原さんです。もう一人は、団地ですから、部屋のレイアウトから家財道具までよく似たものばかりがあるんだけども、一軒だけ、グランドピアノか何かが置いてある家があったというんですね。そこの娘さんだけは、やっぱりこれはおかしいと言っていた。遠足だったか、社会見学だったかに行くのに、また班で競争しなくちゃいけない。私はそんなのは嫌だから行かないと言ったらしいんです。

その娘さんのご両親だけは「わかった。それはもうそのとおりだ。行く必要はない。」っていうことで、行かないことを了承した。だから、その娘さんと原さん自身の二人だけは、どうもおかしいと思っていたけども、他の人たちはみんなそれが当然だと考えて、班ごとの競争に従っていたと書かれています。

原さんが、それから三〇年以上たって本を書くに当たって、当時の同級生に、いろいろインタビューをしたらしいんです。学級委員長だった人に対しても、もう中年の女性になっている時期に、あなたは本当はどういう気持ちだったんだと尋ねたらしいんです。その学級委員長だった女性は、「原君、」――同級生だから「君」づけですよね――「私だってね、変だとは思っていたんだ。だけど、それがどうして変なのかということを、頭の中で言葉にすることが出来なかったんだ」と答えたのだそうです。

言葉にすることが出来なかったために、何が起こったかというと、身体の症状です。「班ごとの競争があるたびに、自分は熱を出したり、じんましんが出たりしていたんだ。だから、言葉にできない分だけ、ずっと体の症状になって出ていた。でも、今、原君とこうやって話して、卒業後何十年もたって、やっと理由がわかった」っていうふうに答えているんです。

これを、単に一九七四年ごろの、過去の出来事だと片づけてしまうだけで、いいのかどうかという話です。その当時、それが当然だと思っていた子どもが、後に教師になります。それから、それが当然だと思っていた子どもが、後に人の親になります。当然と思っていた彼ら／彼女らの子どもたちが、やはり当然だと思っていた教師の勤務する学校に通うということが、ずっと続いているんじゃないか。これがいじめの背景にあるんじゃないかと、私は思っています。

二〇一〇年ごろに神戸の高校で、いじめによる自殺事件がありましたけども、その背景には、やっぱり一九七四年頃の時期に集団主義で育った人たちが、教師や親になっているという事情があるんじゃないかと思えるわけです。

いじめに今日的な特徴はあるか

いじめは昔からあったわけですけども、その数字が以前より増えているのかどうなのかは、学問的に何も裏づける根拠はないわけです。増えているという言い方も正しいかもしれませんけども、わからなかったものがわかるようになっただけだという考え方も正しいかもしれません。だから、どちらが正しいという言い方は出来ないと思うんです。

ただ、質という面から言いますと、はるかな昔はともかくとしても、いわゆる高度成長で第二次産業が中心だった時期と、第二次産業が過半数以下になって第三次産業がどんどん増え続けている現在とでは、やっぱりあらわれ方は違っているだろうというふうに思います。というのは、第二次産業のときは、さっきの「前へ倣え」とか「気をつけ」っていうのと同じで、集団主義が社会的に認められるっていいますか、生産に寄与すると考えられていたからです。

だから、判断が甘くなるといいますか、そのくらいは目をつぶるべきだとか、そのくらいは従ってもいいよというふうなことが、まだ言いやすかった時期だろうと思うんです。ところが、今は、そんなものは生産にもつながらない。もちろん、人権にも反することは当然ですけども、生産にもつながらないということになると、成立根拠がどんどんなくなってきます。

成立根拠がなくなってきているのに、集団を維持しようとするところに、矛盾が生じるのです。形だけを維持するやり方になってくると、いじめでも体罰でも、どうしても手段が先鋭化していく方向に動くと思います。だから、見かけが、非常に残虐になってくる。もちろん、これは本質が残虐になってくるといっても同じですけども、それは第二次産業という、かつて曲がりなりにもあった根拠さえなくなってきているが故の結果だろうというふうに思っています。

桐生市のいじめ自殺事件

さて、このあいだ、群馬県の桐生市で、小学生の上村明子さんっていう女の子が亡くなった自殺事件の裁判があって、民事裁判だと思うんですけども、学校がちゃんと対策を立ててなかったせいだっていうことで、学校側に四五〇万円だったかの支払を命じる、そういう判決が下ったという新聞報道がありました。あれは、愛知県の一宮市で暮らしていた一家が、お父さんの仕事の関係で群馬県の桐生市に移って起こった事件です。

転校先の学校で給食を食べるときに、数人ずつのグループで食べるらしいのですが、その明子さんっていう女の子は、どこのグループにも入れてもらえなかった。グループが大事で、ひとりぼっちはだめっていう変な思想があって、この変な思想によってはじかれた子どもが、不幸にも自殺にまで追い詰められるっていう、そういういじめ事件だったわけです。

このことは、明子さんのお父さんはよくわかっていたみたいで、学校側と交渉していたようですね。いじめを、いかにして解決するかという交渉です。私は、このお父さんのことを悪く言うつもりは、これっぽっちもありません。

だけど、ただ一つだけ残念だなと思うのは、わかっていて交渉するのに、何で大事な娘を学校に行かせたまま交渉するのだろうかという点です。「頼むから、そんなところへは行かないでくれ。うちにいてくれ。」というふうに言って交渉すれば、うまく交渉できたかどうかにかかわらず、命を失うことはなかったんじゃないかと、思えてしかたないところがあるんですね。

新聞報道によれば、明子さんのお母さんは、外国から来られた方で、そのために、参観日に行くと、「臭い」とか「汚い」っていう悪口を言われていたそうです。自殺の背景には、そういうようなこともあったみたいですけども、給食のことだけに限って言えば、やっぱり学校が、数人で食べるのが正しくて、一人がだめなんていうことを当然と思う場でなければ、ずいぶん違っていたと思います。

具体的に言うと、校長先生とか教頭先生が、そこらへんで買ってきたコンビニ弁当か何かを校庭とか廊下の隅で食べていて、「校長先生、一緒にお弁当食べよう」なんて生徒がやってきたら、「うるせえ、昼飯ぐらい一人で食わせろ」と応じるような学校だったら、だいぶ違っていたと思うんです。

けれども、いかんせん、集団がよくて、ひとりぼっちはだめというような、そういう考え方が背景にあった。だからこそ起こった、不幸な事件じゃないかと思えるわけです。こういった事柄も、民事裁判を含めて、いろいろ法律の分野では出てくるんじゃないかっていうふうに思います。

体罰と「幼年時代」

体罰に関しても、同じようなことがあります。同じようなっていうのは、やっぱり集団と一人の対立が、体罰の中で出てきているという意味です。体罰を行っている教師は一人であったとしても、集団の代表のような顔をして登場してくるという面があるのです。

体罰は、虐待と共通している面があります。体罰の被害に遭っている人は、しばしば自分が悪いから叩かれるんだと思っています。もちろん、事実はそんなことはない。叩いている方が悪いに決まっているんです。でも、叩かれている自分が悪いと思い込んでいる。虐待を受けて叩かれている子どもと、同じような心理状態になっているのです。

それから、虐待を受けている子どもたちは、自分が叩かれれば、周りは仲よく出来ると思っています。いつも、お父さん、お母さん、おばあちゃんはいがみ合っているのに、自分を叩いているときだけは団結している。そういう姿を目にしていますから、自分さえ我慢すれば、みんなが仲よくできると思ってしまうんですね。

体罰も同じです。体罰をしている教師がいて、そこを取り巻いている人がいて、彼らは自分に体罰を加えているときだけは、みんな団結している、そういう感じがあるわけです。だから、いじめと虐待と体罰っていうのは、やっぱり共通点があるわけです。

室生犀星の「幼年時代」という小説があります。これは、犀星の実体験を基にしていると考えられています。

犀星は、実生活では虐待を受けて育っています。養母のもとで暮らしているわけですけども、養母は当時の人買いみたいな人で、女の子でも男の子でも、現金で彼らを引き受けて養母になるのですが、引き受けた子どもを労働力として使い、ある程度の年齢になったら売り飛ばして差額をもうける。

そういう仕事をやっていた人が、昔はいっぱいいたわけです。犀星は、赤井ハツっていう、そういう商売をやっていた人のところへ引き取られて、虐待を受けて育っています。

「幼年時代」という作品は、すべてが実体験そのものではないんですけども、実体験に基づいた作品で、学校で教師から体罰を受けるシーンが出てきます。ずっと居残りをさせられていた「私」は——「私」っていうのは室生犀星のことですけども——、「一人、涙を流し、黒板に『姉さん』という字を書いた」。つまり、たった一人だけ、自分の理解者がいたと記されています。

現実の犀星にはいなかったみたいなんですけども、彼の創作の中には、「姉さん」という、たった一人の理解者がいた。その人を支えにしていた。いいかえれば、体罰でもいじめでも、一人だけでいいから本当の理解者がいるかどうかが、命を失うか失わないかの境目なんだっていうことが、書かれているわけです。

ところで、この教師は、どういうふうに幼い犀星を叱ったかというと、「なぜ先生の言いつけどおりにしないのだ」「なぜきのう許しもしないのに帰ったのだ」「なぜ先生をにらむのだ」って、なぜ、なぜ、なぜと責めるわけですよ。そういうふうに言われながら、幼い犀星はどう思ったかというと、「私はなぜこんなところで物を教わらなければならないのか」「心の底深く、私が正しいか正しくないかを決定する時期を待っていた」と言うんですね。

幼い心の中で、ここまで考えを固めることができれば、何とかなるんです。でも、それは、たった一人では絶対無理だと思います。他に一人、とにかく支えになる人がいて初めて、こういう正しい考え方ができる。そういうことが書かれているんだと思います。

このあたりのところは、裁判と直接的に関係するわけではないと思いますけども、発想なり考え方としては、重要でしょう。

先ほどのいじめの場合でも、体罰の場合でも、集団が個人を台無しにしてしまうことに対して、どのように支えていくのか。法律家やソーシャルワークの人たちが、そばにいるたった一人の人間になるということは、大いにあり得ることですし、司法福祉とも密接に関連することですから、あえて紹介させていただいた次第です。

第三部

佐世保高一女子殺害事件覚書

第一章
事件へと至る過程と背景

事件への道筋

高校一年生の女子を、二〇一四年七月二六日に殺害した容疑で、その翌日、同級生のA子が逮捕されました。いわゆる佐世保高一女子殺害事件です。

私が取材記者からえた情報のうち、A子宅の近隣住民の誰もが知っていて、かつ公表に差し支えがないと思われるものと、すでに報道されている情報のうち、ある程度まで確かと思われるものを、時系列に沿って以下に列挙してみます。

一九九八年に、A子は誕生しました。父は早大卒の弁護士で、後に大手企業や医師会の顧問弁護士になります。実母は東大卒で、後に教育委員をつとめることになります。（ちなみに、A子が学齢期になってからの話ですが、父兄による球技大会の折、実母に対して父が「さすが東大！」と叫びながら応援していたというエピソードが残っています。）同胞としては、兄がいることがわかっています。この兄は後に、法律家を目指して、父と同じ大学へ進学することになります。

A子の誕生後、一家はいわゆる豪邸に住むことになりました。庭には、父の言葉が刻まれた石碑があるといいます。

二〇一〇年（小六）の一二月、A子は、二人の同級生の給食に、漂白剤を混入しました。二人のうちの一人から「勉強ばかりしている」と言われたことが、その理由でした。A子は、そのとき「勉強がすべてさ」と、言い返しています。（当時のA子は、佐世保市では唯一の中高一貫校を受験するための、勉強をしていました。）

この事件後に、心理士によるカウンセリングが開始されましたが、両親の反対のために、わずか二回で終わり、継続はされませんでした。このころ、実母はA子とともに留学仲介団体を訪れ、留学について相談しています。

二〇一一年（中一）の四月、A子は中高一貫校へ入学しました。相前後して、父が、予備校を経て九州大学へ入学しています。父はゴルフサークルに所属し、テレビドラマと印象が似ていることから、「ブラック・プレジデント」と呼ばれていたそうです。

このころ、地元のスポーツ大会のスケート部門で、A子が一位になっています。ただし、A子以外には、スケートにエントリーした選手はいなかったといわれています。(温暖な気候の長崎県では、そもそもスケート選手を目指す人口が極めて少ないのです。) A子の姿を、地元紙は、「文武両道」と報道しました。ちなみに、父もスケート部門に出場し優勝しています。附記するなら、実母は地元のスケート連盟の会長でした。

二〇一二年(中二)ころになると、以前から続いていたA子の小動物虐待がエスカレートして、猫殺しにまで至ったといわれています。

二〇一三年(中三)に、A子は実母を殺そうとして寝室へ行きましたが、実行は出来ませんでした。同じ年の一〇月に、実母は病死しました。実母の死後に開催された英語大会で、A子は、父について「マイ・ファーザー・イズ・エイリアン」と発表したそうです。なお、A子は、日本語では、しばしば自分自身を「僕」と呼んでいました。

二〇一四年(中三)の一月には、父子で国体に出場しました。しかし、A子は、「足が痛い」という理由で、途中で棄権したといいます。同年二月に、父は、なぜかA子を祖母の養子にしました。そして、同年三月二日の午前二時、A子は、就寝中の父を金属バットで殴打しました。このために、父は入院し、A子は親族宅へ預けられました。三月一〇日に、A子は、軍艦島を一人で訪れているようです。さらに、三月中旬以降、父は、知人に紹介された二つの精神科で、A子を受診させています。

二〇一四年(高一)の四月から、A子は一人暮らしを始めました。続く五月には、父が再婚しています。父の再婚後、A子は「お母さんのこと、もうどうでもいいのかな」とつぶやいたそうです。このあたりから、事態は緊迫の度を深めます。

六月一〇日、上記二つの精神科のうち、一つの病院の精神科医が、児童相談所（長崎こども・女性・障害者支援センター）へ電話を入れました。A子が、何らかの事件を起こすおそれがあったからです。しかし、児童相談所は実質的には放置したままでしたし、精神科医もそれ以上の働きかけをしませんでした。

七月二三日、A子が継母に「人を殺したい」と話しました。

七月二五日、父が児童相談所へ電話をしましたが、金曜の午後六時半ころだったためか、「職員は勤務時間外で退庁した」「月曜にかけ直します」というやりとりがあっただけでした。

七月二六日、A子は工具と紐で同級生を殺害しました。そして、遺体の頭部と頸部を切断し、腹部を切り裂いたのです。

七月二七日に、A子は逮捕されました。

これ以後の経過は、以下のとおりです。

八月四日に、父が、「甲病院への通院状況について」という文書を、記者レクで配布しました。（甲病院というのは、児童相談所へ電話を入れた医師のいる病院のことです。父は、この医師の対応が不適切であったと、言いたかったのです。）

八月一一日に、検察官が鑑定留置。そして、鑑定留置中の一〇月に、父は自殺しました。

二〇一五年二月二三日に、今度は家裁が鑑定留置。こうして、同年七月一三日に、第三種（医療）少年院送致の決定が、下されたのでした。

今後、追加や訂正が必要な情報もあるでしょう。たとえば、A子が猫を殺しはじめたのは、家裁の決定に記された内容に基づくなら、小学校五年生のころにまで遡るとされています。

それに、何よりも、幼少期の情報が不足しています。しかし、それでも現時点でいうることが、ありそうです。

事件の背景

佐世保高一女子殺害事件が報道されはじめた当初は、愛する実母の病死後まもなくしての父の再婚と一人暮らしが、事件を解明する鍵であるかのように言われていました。父の再婚後、「お母さんのこと、もうどうでもいいのかな」とA子がつぶやいたことも、その一つの根拠だとされています。しかし、父の再婚もA子の一人暮らしも、事件を解明する鍵としては誤りというしかありません。

A子が実母を殺そうとしていたという事実がある以上、「愛する実母」という仮説は成り立ちません。また、父がA子から金属バットで殴られる直前に、A子を祖母の養子にしているという事実に鑑みるなら、金属バット事件ゆえに、父がA子に一人暮らしをさせたという解釈は、あまりにも表層的というしかないでしょう。ほんとうは、A子と実母との心的関係も、A子と父との心的関係も、とうに切れていたというしかありません。

さらに、A子が継母を殺そうとした形跡はなく、それどころか「人を殺したい」という気持ちを、継母に打ち明けてすらいるのです。これほど重大な内容を打ち明けているのですから、A子と継母との心的関係が切れていたとはいえないでしょう。換言するなら、実母を愛し継母を憎むというような、想定されがちな構図は、まったく成り立っていないのです。

これまでに知られている事実の範囲で鍵を探すなら、むしろスケート競技にヒントが隠されているのではないかと、私は思います。スケート人口が、少なくとも大会を目指す選手という水準では皆無に近い長崎県から、とくに実力もないまま全国大会へ進んでも、惨敗は目に見えています。にもかかわらず、父と実母につきしたがうかのように、A子は行動するしかありませんでした。実母の死後に至ってさえ、国体を棄権するに際して、A子は「足が痛い」という理由を持ち出すしかなかったのです。

一事が万事、こうだったのではないでしょうか。また、その過程で、A子と両親との心的関係は、完全に切断されてしまったのではないでしょうか。少しでも心的関係が残っていたなら、実母や父の殺害を考えることは出来なかったはずです。

もちろん、心的関係の切断は、A子から両親に対し、一方向性に生じたわけではありません。必ず、父や実母からA子に対しての心的関係の切断が、前もって行われていたはずです。

たとえば、早大卒の父が東大卒の実母に対し、「さすが東大！」と叫んだのは、半ば冗談とはいえ、学歴信仰の表れでもあったことは確かでしょう。そういう両親の学歴信仰にしたがって中高一貫校を受験しようとしたA子は、「勉強ばかりしている」と指摘した同級生の給食に、異物を混入しました。そして、その後に開始されたカウンセリングは、両親の反対により継続されなかったのです。

これらの事実をみれば、A子は両親の敷いたレールにしたがって動くだけしか、許されていなかったことがわかります。逆にいえば、両親はA子を守っているようにみえても、そうではなく、A子をしたがわせているだけだったのです。つまり、両親はA子とのあいだで相互交流を遮断しており、一方向からの流れしかなかったのですから、両親の側からの心的関係の切断が進みつつあったことは、たしかでしょう。

カウンセリングに対する反対は、学歴信仰の強い父により主導されたのでしょうが、教育委員をしていた実母は、このとき、どう振舞ったのでしょうか。加えて、実母の死後、なぜ父はA子を、祖母の養子にしたのでしょうか。（財産上の理由だったにしても、A子の気持ちについての配慮は、どのように払われていたのでしょうか。）これらが解明されればされるほど、関係の切断が進行していく様相が、さらに明らかになってくるに違いありません。

第二章

どうすべきだったか

給食への異物混入事件の重要性

佐世保高一女子殺害事件と、二〇〇〇年以降に散発した、生命にかかわる代表的な少年事件との類似性が、しばしば指摘されています。動物虐待という点で神戸市連続殺傷事件との、「人を殺してみたかった」という言葉で豊川市主婦殺害事件[*1]との、そして事件が生じた場所の同一性か

＊1　二〇〇〇年に、愛知県豊川市で、高校三年生の男子が主婦を殺害した事件。加害少年が語ったとされる「人を殺してみたかった」という言葉が有名になった。

ら佐世保小六同級生殺害事件[*2]との類似性を指摘する見解が、その代表です。

しかし、動物虐待は、行為障害（素行障害）というラベルを貼られる非行に、少なからず認められる特徴ですから、類似性を言い立ててもあまり意味はありません。また、「人を殺してみたかった」という言葉から特定の診断名を導きだすだけなら、事件の形式面は解明しうるかもしれませんが、事件の本質をつかむことはできないでしょう。さらに、佐世保という場所に関しては、そこで行われた心の教育の無効性という点において、同じというだけに過ぎません。

そうではなく、あえて類似の事件を探すなら、伊豆の国市タリウム事件[*3]が最も近いのではないでしょうか。

伊豆の国市タリウム事件の加害少女は、一人称に「僕」という言葉を用いていました。また、少女はいじめを受けていたのですが、おそらく母親はそれに気づいていなかったと思われるのです。その後、少女は母親にタリウムを連続して投与し、経過を「観察」しました。

一方、佐世保高一女子殺害事件のA子も、しばしば一人称に「僕」を用いていました。そして、勉強ばかりしていると言われたことを契機にして、そのように言った児童の給食に漂白剤を混ぜ、結果を「観察」しました。しかし、A子の実母は、（弁護士である父の戦術に引きずられてのようなのですが）わずか二回のカウンセリングを受けさせただけでした。その後、A子は、実母を殺害しようとしたのです。

何よりも最大の共通点は、タリウム事件の少女は、母親を「好きでも嫌いでもない」と述べ、佐世保高一女子殺害事件の少女は、実母を殺そうとしながらも父の再婚後に「お母さんのこと、もうどうでもいいのかな」とつぶやいたとされている点です。つまり、「嫌い」と「好き」のあいだで宙吊りにされた感情が、凍りついたように漂っているのです。進行しつつあった関係の切断が完成する一歩手前で、辛うじてとどまっている姿と、言い換えても良いでしょう。

それにしても、A子による同級生殺害事件を、未然に防ぐことは出来なかったのでしょうか。もし防ぐことが出来たとするなら、それは給食への異物混入事件のころだったと、私は思っています。なぜなら、A子が「勉強ばかりしている」と言われた時点と異物混入の時点とのあいだには、かなりの期間が介在しているからです。つまり、A子は、衝動的に異物を混入したのではなく、行うべきか行わざるべきかと悩みながら、最終的に行動に移したと考えられるのです。ですから、悩んでいる期間中であれば、A子は周囲の助言に耳を傾けた可能性が高いのです。

けれども、周囲の大人たちが――両親も教師も――このとき深く考えた形跡は、ありません。中高一貫校へ合格してしまえばそれでおしまいと、誰もが――両親も教師も――軽く考えていた

＊2　二〇〇四年に、長崎県佐世保市の小学校で六年生の女児が、同級生の女児を殺害した事件。事件後、心の教育の必要性が叫ばれていた。

＊3　二〇〇五年に、静岡県伊豆の国市で、高校一年の女子生徒がタリウムを母親に摂取させた事件。母親は筋力低下や呼吸困難をきたし入院した。

としか、思えないのです。ほんとうは、「勉強がすべて」なのかどうか、さらには「文武両道」の名の下に強いられたスケートが、それほどすばらしいことなのか、考え直すチャンスだったはずです。

そうすることによってのみ、A子は、父や実母にしたがうだけの関係から脱出することが、可能だったのです。いいかえるなら、関係の切断の一歩手前で、辛うじて完全な切断へと至ることを回避するためには、つきしたがうだけの関係から脱出する以外に、方法はありませんでした。

関係の切断

では、前項で示した関係の切断の一歩手前から関係の完全な切断までのあいだに、いったい何が起こったのでしょうか。そして、佐世保高一女子殺害事件においては、関係の完全な切断が、どうして第三者に過ぎない同級生の殺害へと、飛躍したのでしょうか。考えられるのは、精神科へ入院させられそうになることによって、A子が再び棄てられる事態に直面した可能性です。

もちろん、A子がどの程度まで、自らが入院させられる可能性に気づいていたのか断言できるまでの材料は、現時点ではありません。だが、少なくとも両親に連れられ精神科を受診していたことだけは、たしかです。だから、何らかの程度で、A子が入院させられる可能性を感じていたことは、考慮しておく必要があるでしょう。

かつての西鉄バスジャック事件[*4]では、精神科病院へ強制入院させられた少年が、そこからの外泊中に、事件を起こしていました。仮にA子が、入院させられる可能性に気づいていたなら、その前に事件を起こしてしまおうと考えたとしても、不思議とは言えません。

佐世保高一女子殺害事件の直前に、精神科医や父が、それぞれ児童相談所に電話をしたことが知られています。そこで、措置入院（精神保健指定医二名の診察によって知事が命令する強制入院）が行われるべきだったのではないかという意見もあります。自傷他害のおそれがある以上、措置入院を選択することは、手続き的には間違いではありません。だが、それが、臨床的に良い結果をもたらしただろうかというと、必ずしもそうとはいえないのです。入院させられるA子にとっては、それは子棄てとしてとらえられるかもしれないからです。だから、仮に措置入院に踏み切るにしても、それが子棄てとしてとらえられないための配慮が、必須となります。

ところで、弁護士でもある父は、「甲病院への通院状況について」と題された文書を、記者レクで配布しています。徹頭徹尾、病院の指示に従って行動していたという書き方になっていますから、父の責任回避と言われても仕方がないかもしれません。では、父が就寝中に金属バットで殴られるほどの状況になってはじめて相談を受けた精神科医は、入院をさせる前に、何らかの手段をとることが出来たでしょうか。

＊4　第一部註20を参照。

私は、A子の主治医とは面識がありません。だから、どれほどの腕を持っているかも、全く知りません。だが、たかだか中程度の臨床能力しか持っていない私が主治医であったと仮定するなら、良い手段を確実にとりえたはずだと言うだけの自信はありません。

それでも、A子を親族宅に預けたあと一人暮らしをさせるのではなく、むしろ父が家を出るよう助言することはできたでしょう。そして、継母が誠実な方なら、A子と二人で暮らしていただくよう、提案するでしょう。(そうするだけの気持ちが継母になければ、差し出がましいが父とも別れていただくしかありません。)ほとんど思いつきの域を出ない考えですが、入院をすすめるなら、最低でもそれくらいのことをしておくと思います。

いずれにせよ、二〇一四年三月中旬以降の時点で、はじめて主治医にならざるをえなかった医師は、そうとうな困難を強いられたことは間違いありません。このとき、主治医からの電話を受けた児童相談所ができることは、支援チームを組んだ上で、チームの責任者になることに尽きます。形式的であっても、それが重要なのです。

主治医の電話は、要対協[*5](要保護児童対策地域協議会)の対象になるかどうかの問い合わせが要件だったといわれています。その電話に、児童相談所が適切に対応しなかったとも報じられています。

それは、たぶん報道されているとおりなのでしょう。ですが、要対協が召集されるときは、あらかたの方向性が決まっているのが通常です。その方向性を前提に、具体的な行動が話し合われ決定される。ですから、あらかじめ誰かが(この場合は主治医が、でしょう)方向性を児童相談所に提案し、児童相談所が形式上の責任を背負ってということであれば、要対協も実効性を発揮できたでしょう。

ただ、その場合でも、方針は入院しかなかったかもしれません。そうなると、児童相談所の一時保護として、その委託先を主治医の病院にするといった方法が考えられます。いずれにしても、誰か(入院であれば主治医でしょう)が率先して汗をかくとともに、組織としては児童相談所が泥をかぶるしかないのです。

＊5 平成一六年改正児童福祉法において法的に位置づけられたもので、地方公共団体が設置する。迅速に支援を開始することができる、情報の共有化が図られる、役割分担を通じて責任をもったかかわりができるといった、利点がある。対象児童は虐待を受けた子どもに限らず、非行児童なども含む。

第三章

家裁の決定について

長崎家裁の決定要旨――事件の理解

長崎家庭裁判所は、A子を、第三種（医療）少年院へ送致する決定を言い渡しました。新聞各紙に掲載された、決定要旨の内容をみておきましょう。（ここでは共同通信配信のものを用います。なお、私が入手した決定要旨と、新聞に掲載されたものとを比較すると、内容は同じですが、文体が違います。オリジナルの決定要旨も法律家の文体ではなく、マスコミ用に書かれた文体なのですが、新聞に掲載されたものは、さらに「である」を「だ」に変えたり、体言止めを用いて、より字数を少なくしているなどの違いがあります。）

決定要旨は、「主文」「非行事実」「非行に至る経緯」に続けて、「少女（＝A子のことです・引用者註）の特性」という項目をもうけています。

《少女は重度の「自閉症スペクトラム障害」（ASD）で、素行障害も併発。興味を持ったことを徹底追及し、不安や恐怖の感情が弱く、決めたことは迷いなく完遂する性格という要因も重なり、非常に特殊な例だ。ASDが非行に直結したわけではなく、環境的な要因も影響している。》

おそらく検察官段階で実施された精神鑑定ではなく、家裁段階での鑑定に依拠して、記された内容でしょう。自閉症スペクトラム障害ゆえに、事件が引き起こされたわけではないと、決定書は明記しています。「興味を持ったことを徹底追及」するといった、形式面への影響はあっても、障害が直接的に事件を駆動したのではないということです。

では、「環境的な要因」とは、何でしょうか。決定要旨には、「非行のメカニズム」という項目があります。そこには、こう書かれています。

《猫の死骸を目撃し、生と死の境界への関心が芽生えて猫を殺し始め、視覚的興奮が高まり固執が強まった。》

ここまでは、形式面の特徴の続きを記しているものと考えられます。「視覚的興奮」は、直観像素質者と同様に、眼からの情報に影響を受けやすいという、自閉症スペクトラム障害の形式的側面を、反映した記述です。また、「固執」は、この障害の形式的特徴である、こだわりを意味します。

続けて、決定要旨を読んでみましょう。

《〔小学校時代の給食への・引用者註〕異物混入で問題が顕在化したが、適切な保護や対応がなく、逆に周囲との違いから孤立感、疎外感を抱いた。自分に苦悩しつつ、猫殺しでは満足できず解体を始め、実母の死を経験して殺人空想が増大、殺人欲求が現実感を帯びた。》

給食への異物混入に着眼し、そのときに適切な対応がなかったことを指摘している点は、前章での私の指摘と重なります。そこを「環境的要因」として闡明しているわけですから、家裁の決定としては、そうとう優れた内容になっているといえるでしょう。

長崎家裁の決定要旨——処遇

決定要旨は、A子が「一六歳になると処分や刑罰が重くなると理解して綿密に準備し」、殺害が行われたと記しています。事件に先立つ二〇〇〇年の少年法の改悪により、刑事処分可能年齢が一六歳以上から一四歳以上へと引き下げられましたが、それはこの事件を抑止することにつながりませんでした。逆に、一六歳以上の重大事件は原則逆送[*6]とされたことが、焦りにも似た考えをA子にもたらし、誕生日直前の犯行へと急がせたことになります。

ただし、「綿密な準備」が出来たということは、いわゆる責任能力（是非善悪を弁識し、それにしたがって行動する能力）を、A子が有していたことを意味します。だから、決定要旨にも、「心神喪失や心神耗弱に至るような精神障害は認められない」と、書かれているのです。

日本の刑事精神鑑定は、あまりにも責任能力に偏重しているという欠点があります。しかし、佐世保高一女子殺害事件の精神鑑定は、たぶんそのような欠点を免れていたのでしょう。決定要旨もまた、責任能力よりも処遇に、分量を多く割いています。

《更生には、少女の特性に応じた個別性の高い矯正教育と医療支援が長期間必要。刑罰による〔再犯の〕抑止効果はなく、職業教育や労役で改善は期待できない。刑務所はプログラムが十分ではなく、自由に空想にふけられる〔変な日本語ですが、原文は「耽ることを許してしまう」・引用者註〕環境では、かえって症状が悪化する可能性がある。》

「特性」とは、前項で引用した自閉症スペクトラム障害の特徴を指しています。その特徴を十分に把握した上で、特徴に沿った処遇が必要だが、それは刑務所では不可能だと明言しているのです。そのとおりでしょう。逆に、刑務所で処遇したならば、改善は期待できず、再犯の可能性が高まりますから、社会にとっては明らかな不利益がもたらされます。

最後に、決定要旨は、次のように述べています。

《医療少年院を出た後も生涯にわたり対応を継続する必要がある。今後も同様の問題を抱えた青少年が現れる可能性は否定できず、対応に取り組む体制の構築も重要だ。》

＊6　第一部第九章の少年法「改正」（2）を参照。

A子の実の両親は亡くなっていますから、出院後の支援体制の構築においては、困難が予想されます。この事件に特化した形で支援体制が組まれるのか、地域生活定着支援センター[*7]のような、長崎県が先行している公的な組織によるネットワークが利用されるのか、いまは予想することが出来ません。いずれにしても、神戸市連続殺傷事件と同等か、それ以上の支援体制が、必要になることでしょう。とりわけ大事なのは、出院後のA子の名前や住居が他者から特定されることなく、支援が継続されることだと思います。

もう一つの考えどころは、「今後も同様の問題を抱えた青少年が現れる可能性は否定できず、対応に取り組む体制の構築も重要」という部分です。これは、何を意味しているのでしょうか。私なら、この事件の一〇年前に、同じ佐世保市で起こった小六同級生殺害事件（先述）を、想起するところです。

小六同級生殺害事件では、同様の事件が再び起きることを防ぐ目的で、「心の教育」の重要性が喧伝されました。そのとき、私は心の教育は無効であり不要だと主張しましたが[*8]、今回もまた、同じ主張を繰り返さざるをえません。

いま必要なのは、前章に記した「事件の背景」を、私たち一人ひとりが、十分に吟味すること以外にありません。厳罰化の合唱によって見るべきものを隠してしまい、その申し訳のために「心の教育」をとってつけるといった誤謬を、そろそろ私たちは卒業すべき時期にさしかかっているのです。

＊追記＊

私は、長崎県教育委員会による「佐世保市内女子高校生逮捕事案調査委員会」の外部委員として、報道されていない事実のいくつかを、知ることができました。しかし、本稿では、上記委員会を通じてのみ得ることができた情報は、用いていません。

一委員が勝手に情報を漏らしてはならないという、当然の理由ゆえにですが、「極秘情報」などなくとも一定のリテラシーさえあれば、誰もが入手可能な情報だけで本質に迫りうることを、示したかったためでもあります。

＊7　矯正施設（刑務所、少年刑務所、拘置所、少年院）からの退所者で、高齢または障害を有するために福祉的な支援を必要とする人を福祉サービスへつなげる準備を、保護観察所と協働して進める機関。

＊8　高岡健「心の教育は不要だ！」（朝日新聞西部本社編著『11歳の衝動』雲母書房・所収）

あとがき

『絶歌』が、はたして神戸市連続殺傷事件の元少年Aによって著されたものなのか、それともゴーストライターが書いたものなのかといった疑念が、隠然とささやかれていたことがあります。しかし、本書の最初の部分で指摘した直喩と隠喩の使用法は、ジャーナリスティックな文体に終始する凡庸なゴーストライターの手によるものとは、明らかに異質です。また、Aが執筆したものであるにしても、そこには大手出版社の編集チームによる大小の関与が介在しているという、まことしやかな情報もあります。しかし、あまりにも基本的な語句についての誤植が散見されることからは、プロの編集者がまともに関与したとは、とても思えません。『絶歌』は、間違いなくAによって書かれたものでしょう。A独自の文体を用いて執筆された、彼にしか記すことのできない内容を含んだ本なのです。

本書の第一部で詳しく検討したとおり、『絶歌』には、それまで誰も知らなかった、Aをめぐる二つの心理的事実が記されていました。私たちは、これらの心理的事実を規定していたものが、

Aの母親とAとのあいだの絶望的な関係性であったことを、具体的に確認してきました。こうして、神戸市連続殺傷・死体損壊事件へ至る過程とは、Aの心理的な自殺の過程にほかならなかったことが、明らかになったのです。

一方、逮捕されてから現在までのAの軌跡は、心理的な自殺から反転してAが再生へと向かうための、苦闘を映しだしていました。しかし、その苦闘は、未だ道半ばというほかありません。母親とのあいだの絶望的関係が、そのままになっているからです。

ところで、『絶歌』の出版後、おそらくAが開設したと考えられるウェブサイトが、話題になりました。「存在の耐えられない透明さ」と題されたこのサイトは、ほとんど知られていないAの心雑音の存在を記載することで、A本人が開設したものであることを示そうとしています。

ほんとうにAによるサイトであると考えれば、なるほどと納得しうる内容が、そこには少なくとも二つ、含まれています。

一つは、執拗なまでに描かれたナメクジです。本書の第一部でも触れたとおり、Aにとってのナメクジとは、「殻」がなく傷つきやすい剝き出しの自分を、象徴するものでした。その傷つきやすさは現在でも同じだということを、このサイトは告げていることになります。

もう一つは、高村光太郎の「道程」が、引用されていることです。ただし、原文の「僕」が「ボク」と記されているほか、「父」という言葉が「母」に変更されている点が、眼を惹きます。「ボクを一人立ちにさせた広大な母よ／ボクから目を離さないで守る事をせよ／常に母の気魄をボクに充たせよ」というように、です。

高村光太郎と父とのあいだの確執は、彼の作品を方向づけていました。その「父」を「母」に替えてAが引用した理由は、明らかでしょう。誰よりもA自身が、母親との関係がそのままである限り、再生の道程を歩むことができないと、知り尽くしているのです。だとすると、『絶歌』は、AがAの母親に向けて書いた本なのかもしれません。

本書の第一部は、書下ろしです。

第二部は、「南山大学法曹実務教育研究センター講演録」第六号（二〇一五年三月二〇日発行）に収載された、私の講演記録（原題「少年のこころを理解する——精神鑑定、情状鑑定から司法福祉へ——」）を、細部の表現を若干加除して再録したものです。

第三部は、「飢餓陣営」No.41（佐藤幹夫個人編集・二〇一四秋号）のために執筆した原稿（原題「佐世保高一殺害事件覚書」）を、です・ます調に替えつつ加筆して再録したものです。

再録を許可していただいた関係者の方々に、深謝申し上げる次第です。

最後に、少年法適用年齢の引き下げが一部で声高に叫ばれるなか、あえて本書をつくるようすすめていただいた批評社の皆さまにも、衷心より感謝いたします。

二〇一六年如月

高岡　健

著者略歴

高岡 健［たかおか・けん］

1953年生まれ。精神科医。岐阜大学医学部卒。岐阜赤十字病院精神科部長、岐阜大学医学部准教授などを経て、現在、岐阜県立こども医療福祉センター発達精神医学研究所所長。日本児童青年精神医学会理事。雑誌「精神医療」（編集＝「精神医療」編集委員会、発行批評社）編集委員をつとめる。

著書に、『別れの精神哲学』『新しいうつ病論』『人格障害論の虚像』『自閉症論の原点』（以上、雲母書房）、『発達障害は少年事件を引き起こさない』『精神鑑定とは何か』（以上、明石書店）、『引きこもりを恐れず』『時代病』（吉本隆明氏との共著）（以上、ウェイツ）、『16歳からの〈こころ〉学』『不登校・ひきこもりを生きる』（以上、青灯社）、『やさしい発達障害論』『続・やさしい発達障害論』『やさしいうつ病論』『MHL17　心の病いはこうしてつくられる』（石川憲彦氏との共著）『MHL30　死刑と精神医療』（編著）『PP選書　精神現象を読み解くための10章』（以上、批評社）、ほか多数の著作がある。

Psycho Critique——サイコ・クリティーク24

『絶歌』論——元少年Aの心理的死と再生

2016年2月25日　初版第1刷発行

著者————高岡 健

デザイン——臼井新太郎

制作————字打屋

発行所———批評社

〒113-0033　東京都文京区本郷1-28-36　鳳明ビル102A

tel.03-3813-6344　fax.03-3813-8990

e-mail　book@hihyosya.co.jp

http://hihyosya.co.jp

郵便振替：00180-2-84363

印刷所———モリモト印刷（株）

製本所———（株）越後堂製本

ISBN978-4-8265-0636-6 C0036